Siegfried Wohltmann

40 Jahre Antidepressiva, 40 Jahre Angst

© 2018 Siegfried Wohltmann
Umschlag, Illustration: Siegfried Wohltmann

Verlag & Druck: tredition GmbH, Hamburg
ISBN
Paperback   978-3-7469-3581-2
Hardcover   978-3-7469-3582-9

Inhalt

Vorwort

Bevor ich in meine Geschichte einsteige, habe ich mir formal gedacht, dass ich Dinge, die aus meiner Sicht wichtig sind, in **schwarz und fett gedruckt** hervorhebe. Es sind viele kleine Geschichten aus meinem Leben, die ich erzähle...
Alles entspricht der Wahrheit, bei den Personen bin ich mit der Namensgebung vorsichtig, um einen respektvollen Abstand zu halten.

Warum schreibe ich....?

Ich bin eher der Typ, der ungern über sein Leben berichten und erzählen möchte.daher kommt es einer Selbstverwunderung gleich, dass ich mich beauftragt habe, meine Erlebnisse im Zusammenhang mit meiner Krankheit, zu erzählen.
Zudem möchte ich meine Seele entlasten und zugleich eine Lanze brechen für die vielen psychosomatisch kranken Menschen..... Ich möchte Allen Hoffnung machen nach links und rechts zu schauen, solange bis man einen Menschen gefunden hat, der einem richtig gut zuhören kann.

Wichtig ist dabei, dass die Chemie zwischen Erzähler und Zuhörer stimmt, um das Gefühl zu haben, die größten Probleme und die intimsten und intensivsten Erlebnisse mit deren Auswirkungen, in einer entspannten Atmosphäre loszuwerden. Ich nehme es vorweg:

Für mich ist in meinem bisherigen Leben der Mensch das Größte. Jeder hat es verdient, Respekt, Anerkennung und die Liebe zu bekommen, die er unbedingt braucht, um eine Entspannung in Traum und Fantasie zu erleben. Deshalb auch hier an dieser Stelle die Forderung, es darf keine Form der Gewalt geben, ich verabscheue sie und lehne sie ab. Jeder von uns ist zwar auf dieser Erde nur Mieter, aber mit Hilfe jedes Einzelnen von uns, besteht die Möglichkeit ein friedfertiges, menschliches Miteinander zu erleben. Enttäuscht bin ich aber über das bisher Erreichte: Die zivilisierte Menschheit ist 2000 Jahre alt und hat es bis zum heutigen Tage nicht geschafft, dass alle Menschen auf dieser Erde zu Essen und zu Trinken haben, sowie medizinisch ausreichend versorgt werden. Zivilisierte Menschen dürfen scharfe Waffen besitzen, in den USA

schon mit 12 Jahren, der Wahnsinn ist vorprogrammiert. Der Umgang mit Drogen soll legali-
siert werden.....

Ich kann an dieser Stelle nur den Hinweis geben
dass ich, allein durch die Einnahme von Antidepressiva (hier gibt es genügend abhängige Varianten), soviel Respekt und panische Angst bekommen zu haben, dass ich nie auf die Idee kommen wäre, ohne ärztlichen Rat die Art und Dosis
des Medikaments aus einem "Automaten" zu ziehen.

Aber unser Hauptproblem ist der Medienwahnsinn mit seinem Einfluss auf die Menschheit und
dabei meine ich besonders unsere Jugend. Noch
ein Schritt weiter: Die Jugend der Armen, die teilweise bisher nur in den Abgrund schauen durften
und keine Zukunft hat. Kinder, deren Eltern alko-
holabhängig sind, die morgens ohne Frühstück
lernen sollen und allein gelassen werden. Bei den
betuchten Eltern sollte dies funktionieren, wenn
sie nicht, wie fast jedes dritte Paar, getrennt leben oder geschieden sind... Beim Medienwahnsinn habe ich genauer hingeguckt:

Ich habe das getan, was viele Kinder, einige Hausfrauen, Arbeitslose, Rentner und TV-Süchtige tun - morgens schaltet man den Fernseher an und switcht bis man etwas Spannendes, Erregendes, Berieselndes oder Bezauberndes gefunden hat. Sie glauben es nicht, aber von dem, was ich gerade aufgezählt habe, ist von Jedem etwas dabei. Ein Bekannter zeigte mir dann noch das Pay-TV, doch dabei kann ich Ihnen sagen, werden Sie ganz erschlagen mit der Medienkeule. Als ich mir die Zeit genommen habe, mir das Spektakel fast 1 Woche nonstop auf der Zunge zergehen zu lassen, war ich anschließend nicht mehr in der Lage ein ordentliches Buch zu lesen. Meine Frau hat mir übrigens angedroht, dass sie, wenn ich mit dieser Dosis TV in den Ruhestand gehe, zum Anwalt gehe... Zurück zum Programm: Science-Fiction, Mystery, Fantasie, Terror, Krieg und „Fastpornofilme" und hier ist nicht die 2.-Wahl der Schauspieler am Werk. Namenhafte Schauspielerinnen und Schauspieler (teilweise aus den USA mit Oscar) geben sich hier für inhaltlichen Schund her. Die Autoren für die Filme in den USA, arbeiten mit Psychiatern zusammen. Bei Mystery-Serienfilmen werden die Zuschauer psychisch so abhängig gemacht, dass sie, wenn sie einen Film geguckt haben, schon süchtig nach der nächsten Serie sind. Die ganze Abhandlung ist so dargestellt, dass es sich als Mensch in naher Zukunft nicht mehr zu leben lohnt. Von früh morgens bis abends werden die Filme ausgestrahlt. Als Jugendlicher möchte ich in diesem Land nicht mehr leben.

Wenn man mit diesen Eindrücken in den menschlichen Alltag zurückkehrt, ist man aufgepumpt mit Emotionen, wie eine Presswurst Besonders bei Jugendlichen, die in der Pubertät sind und psychisch nominiert, gibt es im Umgang mit Gewalt und der Gefühlswelt schwere Probleme.

Wenn diesem Medienwahnsinn nicht Einhalt geboten wird, durch Psychoanalytiker, Wissenschaftler im Allgemeinen, Ärzte und Politiker, ist der Weg für die Jugend in eine unruhige, gewissenlose Zukunft nicht mehr aufzuhalten. Es kann

nicht sein, dass wir nur noch aus Menschen bestehen wollen, die sich viel zu wichtig nehmen, aber keine Verantwortung übernehmen.

Bei den neuzeitlichen Filmen gibt es für mich richtungsweisend beispielhaft "Die Stimme des Herzens" - das Leben der Marie Heumer, hier stimmt   - der Inhalt - das Charisma der Schauspielerin - die Aura der Schauspielerin. Der Film ist vom Inhalt her jederzeit spannend und entspricht meiner Meinung nach der Realität.

Eine taubstumme und blinde Darstellerin zu spielen, ist eine Herausforderung, hier kann die USA zeigen, dass sie mit einem sozialkritischen Film gleichen Kalibers nachlegen kann.

Bei dieser Art Film werden auf Glamour, schlechte Tonqualität und auf Schauspieler, die sich unbedingt in Szene setzen müssen, verzichtet.

Der Vergleich als Jugendlicher von Früher muss gestattet sein: Ich erinnere mich, damals war man schon progressiv, hatte lange Haare, hörte laute Musik und nahm an überweltlichen Diskussionen teil und in ganz jungen Jahren hat man mit Material aus der Natur oder dem Baukasten kreativ gebaut und geplant. Und im Alter

von ungefähr 16 Jahren haben wir uns in Eigeninitiative eine Diskothek gebaut und wir haben
uns mit einem Nachbardorf angefreundet, hier
wurde Theater gespielt...

Die irdische Maxime müsste eigentlich lauten:
"Es muss jedem Menschen die gleiche Portion an
Wissen, Nahrung und Medizin, unter dem Ansatz
der menschlichen Gleichbehandlung, geboten
werden."

Leider habe ich die schmerzliche Erfahrung machen müssen, dass ich mit der gestellten Maxime
bei weitem nicht das gesteckte Ziel erreicht habe:
Ich wollte alle Menschen gleich behandeln - in
Ansätzen gelingt dies auch, bis zu dem Moment,
wo die Chemie des Einzelnen hinzukommt. Ich
schaffe es einfach nicht über diesen Punkt hinweg zu schauen, deswegen fehlen mir hier auch
die berühmten "5 %". Ich habe nie bewusst jemandem etwas Böses zugefügt, aber beim zweiten Hinschauen, hätte ich noch nachhaltiger mit
meiner Maxime umgehen müssen.
Alles was hier von mir geschrieben wurde, unterliegt meinem subjektivem Empfinden...

Meine Wegbegleiter und Vorbilder sind meine Eltern. Ich hatte ein ganz tolles, liebevolles und einfühlsames Elternhaus. Die Maxime, die ich bereits im Abschnitt vorher beschrieben habe, sollte ich im Namen meiner Eltern erleben. Hierbei haben sie mich mit Rat und Tat unterstützt. Wenn ich mich zurück erinnere, so waren wir alle "4" eine absolut harmonische Einheit, die viele Eskapaden zu überwinden hatte.

Meine Eltern waren aus einer anderen Gegend in unser jetziges Dorfgezogen.

Zu Beginn ihres Zuzugs ließen die Dorfbewohner es meine Eltern durchaus merken, dass sie Neuankömmlinge waren. Meine Schwester sollte es in der Schule zu spüren bekommen und als ich geboren wurde, waren wir bereits umgezogen.

Ich habe immer gedacht: Dumme und naive Menschen gibt es bei der Begrüßung nicht, denn der Andere muss doch merken, dass ein neuer Bewohner es in einer ungewohnten Umgebung ungleich schwerer hat. Die nötige Distanz zu wahren, wenn man sich noch nicht kennt, ist eine Sache, aber den nötigen Respekt und Anerkennung zu bekommen, eine andere.

Für meinen Vater war es das Wichtigste, wenn er von der Arbeit kam, seine Familie zu begrüßen, gemeinsam zu essen und die Probleme jedes Einzelnen gemeinsam zu besprechen.

Meine Mutter versuchte das Ganze so diplomatisch zu koordinieren, dass dabei keine exzessive Streitkultur aufkam. Das Thema Familie war für mich und meine Schwester eigentlich einfach, wenn da nicht die frühen Erkenntnisse der psychischen Krankheit und deren Nebenwirkungen wären. Vielleicht war das auch einerseits unsere Schwäche: Wir wollten es als Familie jedem Recht machen, gingen mit den Gefühlen anderer vorsichtig um, suchten die Fehler bei uns und vergaßen dabei, dass wir auch nur ein menschliches, von Gott gegebenes, Nervensystem besaßen und ein Ventil zum Dampf ablassen brauchten.

Der einzige der das konnte, war mein Vater. Er konnte so richtig alles herauslassen und nach ein paar Minuten fühlte er sich wieder wohl und war ein ganz neuer Mensch. Aber auch er, der schon so viel Grausames miterlebt hatte, war in emotional angesiedelten Situationen oft den Tränen nahe. Dann denke ich immer: Gerade mein Vater dürfte doch eigentlich kein Mitleid haben, bei dem, was er erlebt hatte. Hier habe ich mich gewaltig geirrt, er war sehr loyal und sachlich, hatte ein ausgeprägtes soziales Verständnis und war sehr beliebt bei der Jugend. Oft kamen Jugendliche zu ihm, die sich in irgendeiner Form sozial engagierten und diskutierten bis spät in die Nacht mit ihm...

Meine Mutter war der Meinung, dass er sich zu sehr über die bestehenden Ungerechtigkeiten auf dieser Welt aufgeregt hat, nachts noch lange auf seinem Bett saß und nicht einschlafen konnte. Dann machte mein Vater einen Fehler, er ging, neben seiner Arbeit, in die Politik, zwar nur kommunal, aber das reichte aus und hätte ihn fast das Leben gekostet.... Ich hatte das Gefühl, dass es ihm nicht ausreichte mit den Menschen zu diskutieren, nein er wollte auch etwas ändern. Dabei setzte er sich immer für die sozial Schwachen ein.... Wie oft dauerten die Sitzungen bis tief in die Nacht an, wieder saß er danach noch lange wach auf seinem Bett. Tagschicht, Nachtschicht und Feiertags arbeiten, die politischen Themen saßen ihm im Nacken. Wie lange sollte das noch gutgehen??? Die Wünsche meiner Mutter blieben oft hintenan, aber auch mein Vater wollte es jedem recht machen. Irgendwie hatte ich das Gefühl, dass die Streitgespräche meiner Eltern sich häuften, aber ein Arztgespräch gab den Ausschlag: Mein Vater zog sich aus der Front der Politik zurück und wir hatten ihn als Familie wieder.

Lange danach, als er schon politisch nicht mehr aktiv war, sagte er zu mir: "Tu mir bitte einen Gefallen und gehe bitte nie in die Politik, es is menschlich das Schlimmste, was du dir antun kannst."

Wenn ich aus heutiger Sicht, mit meinen Erfahrungen über die Welt der Politik nachdenke, so muss ich sagen, dass mein Vater eindeutig Recht hatte... Wer an Wahrheit, Ehre und Gewissen appelliert, hat in der Politik nichts zu suchen...
Dann denke ich auch, dass er der Einzige bei uns in der Familie war, der die Nervenstärke für solch eine Aufgabe hatte, aber um welchen Preis???
Aus seinem Berufsleben zog mein Vater sich mit 58 Jahren als Frührentner zurück.

Mein Vater legte sich ein Hobby zu: Die Aufzucht von Großsittichen - hierfür mussten wir zunächst in Eigenarbeit Volieren herstellen, in der Größe von ca. 8x3x1m und davon 12 Stück... Wir bauten sie genau zwischen zwei vorhandenen Gebäuden, in die gegenüberliegenden Wände stemmten wir jeweils 6 Fluglöcher und dann konstruierten wir ein Holzlattenskelett mit einem Aalreusendraht, der sollte wiederum Schutz gegen Marder und ähnliche Getiere bringen. In erster Linie diente das Hobby von meinem Vater dazu, dass es nicht zu einem innerlichen Vorbeimarsch wird, wenn er die Zeitung frühmorgens aus dem Briefkasten holt und meiner Mutter beim Kochen in den Topf guckt... Das war nichts für ihn. Morgens um 6 Uhr war mein Vater schon auf den Beinen und suchte Vogelmire in der Feldmark für die Sittiche. "Frühmorgens, wenn der Sonnentau noch in der Luft liegt, dann ist die Natur am schönsten" sagte er einmal zu mir. Er hatte früher, genau wie mein Opa, schon mit 10 Jahren nachts die Pferde eingefangen, von der Koppel geholt... auch alles in der freien Natur.

Dann habe ich gedacht: Welchem Intellekt unterliegt mein Vater? Einerseits der politische Heißsporn und dann der Beschützer der "sozialschwachen" Bürgerschicht, der Jugendversteher - und dann andererseits der naturverbundene, in sich gekehrte, Einsiedler.

Das war der Vorteil von meinem Vater: Er konnte "auf vielen Klavieren spielen", ohne die Contenance zu verlieren. Äußerlich machte er dabei einen sehr bestimmenden und ruhigen Eindruck. Wenn er merkte, dass meine Mutter psychisch unter der Arbeit und der ambulanten Pflege ihrer Eltern litt, zog er sich zurück.... er wusste, dass es sehr schwer war, die richtigen Worte zu finden.

Zusammengefasst kann man sagen - Ich habe meine Eltern eigentlich immer nur arbeiten sehen, sie sind nie in den Urlaub gefahren, waren immer nur für die Familie da.

Vorgeschichte

Um die ganzen eventuellen Ursachen, Randbe-
dingungen, emotionalen Regungen und familiä-
ren Einflüsse, die zu meiner eigentlichen Krankheit geführt haben, so genau wie möglich als Hin-
tergrundinformation zu beschreiben, erwähne
ich alles was zu diesem Thema beitragen kann:

Zunächst stelle ich alle Personen vor, die in meinem Leben in Zusammenhang mit den vorgenannten Dingen stehen.
Ich beginne hier bei meinem Vater...

Mein Vater

Mein Vater hatte 13 Geschwister.
Die Eltern (meine Großeltern) wussten teilweise
nicht, wie sie die Kinder alle ernähren sollten Opa
und Oma (ich habe sie nie kennengelernt) entschieden sich dafür, meinen Vater mit 12 Jahren
aus dem Nest zu nehmen.

Mein Vater bekam einen Zampel (1 Riemen eingeschnürt mit seinen Lehrbüchern, sowie Ausweis, 1 Stück Schinken u. 1 Laib Brot) mit auf seinen Weg. Zu Fuß ging es von seinem Heimatdorf zu einem Landwirt in einem benachbarten Ort. Hier fragte er um Kost und Logis. Schlafen musste er auf dem Stroh, gleich neben den Kühen auf der Tenne. Selbstverständlich musste er als Gegenleistung auf dem Hof mitarbeiten. Gleichzeitig begann er eine Ausbildung als Maler.

Randbemerkung: Der Anspruch der körperlichen Arbeit war sehr hoch, da es zu diesem Zeitpunkt noch keine anspruchsvollen Maschinen gab.
Nach Beendigung der Lehre (1931) kam mein Vater mit 17 Jahren zum "Barras" (so wurde damals der Wehrdienst bezeichnet). Während dieser Zeit wanderten 6 der 13 Geschwister nach Amerika aus. Sie sind allesamt heute sehr erfolgreiche Geschäftsleute.

2 Jahre später begann der II. Weltkrieg und mein Vater wurde eingezogen und kam gleich an die Front. Er war Soldat der 6. Armee und kam, nachdem er eingekesselt war in der Karl-Mücken-Steppe, in englische Gefangenschaft.
Während des Heimaturlaubes lernte mein Vater meine Mutter kennen. 1944 trafen sich meine Eltern in Leipzig zu einer Kriegstrauung. Das war ihre Hochzeit. Im gleichen Jahr wurde meine Schwester geboren.

1947 wurde mein Vater verspätet aus der Gefangenschaft entlassen und kam mit einem Rucksack, total abgemagert, bei meiner Mutter und meiner Schwester an. Als Mitbringsel aus der Gefangenschaft brachte mein Vater eine schwarze Puppe (für meine Schwester), Kaffee und Schokolade (für meine Mutter) mit. Da meine Schwester meinen Vater noch nie gesehen hatte sagte sie zu meiner Mutter:
"Der Onkel soll doch wieder weggehen mit der schwarzen Puppe". Mein Vater reagierte total enttäuscht und hat mehrere Versuche mit meiner Mutter zusammen gebraucht, um an sie heranzukommen.Auch Jahre nach seiner Rückkehr

war mein Vater noch traumatisiert und gab im Halbschlaf Befehle.

Ein wichtiges Ereignis erzählte er immer wieder: Es ging dem Ende zu und die Nahkämpfe gab es häufiger. (als Nahkampf wurde der Kampf "Auge in Auge" bezeichnet.) Mein Vater stand einem russischen Soldaten gegenüber und konnte dabei das "Weiße" (Redensart) in seinem Auge sehen. Als Film spielte sich dabei folgendes in Zeitlupe ab: Während sich beide in die Augen schauten und mit dem entsicherten Gewehr gegenseitig aufeinander anlegten, dachte jeder über den anderen "Der hat zu Hause Frau und Kinder, genau wie ich". Beide legten, wie auf Kommando, die Waffen nieder und jeder lief zurück in den Wald zu seiner Einheit.

Mein Vater hatte, auf Befragung nach dem Soldatsein, zu diesem Zeitpunkt die Nase voll.

1955 wurde ich geboren und wir zogen von einem Mietshaus in ein eigenes Haus. Meine Eltern erzählten mir später, dass wir in dem Dorf, wo wir heute noch wohnen, zu Anfang nachbarschaftliche Probleme hatten Dazu ein kleines Beispiel:

Meine Mutter stand im Gemüsegarten und zupfte Unkraut. Sie konnte vom Nachbarn nicht eingesehen werden. Dann warf die Nachbarsfrau Steine in unseren Garten. Meine Mutter daraufhin zur Nachbarin "Du (Name der Nachbarin), vielen Dank, wir brauchen deine Steine nicht in unserem Garten, wir haben selber genug davon."

Wie aufbrausend mein Vater allerdings auch werden konnte, zeigt folgende Episode:
Mein Vater kam von der Nachtschicht nach Hause und wünschte sich nichts sehnlicher als seine Bettruhe. Wir hatten im Wohnzimmer gegenüber vom Elternschlafzimmer ein altes Röhren-Radio. Das Radio war schon auf "leise" einge-

stellt, machte sich aber nach einiger Zeit selbstständig hinsichtlich der Lautstärkeregelung, sodass es richtig laut wurde. Mein Vater stürmte ins Wohnzimmer, nahm das Radio, machte das Fenster auf und warf es raus.

Meine Mutter, in ihrer ruhigen Art, sagte daraufhin zu meinem Vater "Wenn du dich jetzt wieder abgeregt hast, gehst du los und kaufst uns ein neues Radio." Das wiederum machte mein Vater dann auch anstandslos. Wir Kinder reagierten auf die Reaktion der Eltern verständnisvoll und waren angenehm überrascht.

Meine Schwester unternahm ebenfalls, wie alle anderen jungen Damen in unserem Dorf, mehrere Versuche, ihre Haarfrisur kreativ zu gestalten. An den einen Versuch erinnere ich mich noch ganz genau: Es war gegen Abend und meine Schwester kam mit dem Zug aus Bremerhaven vom Friseur.

Ich habe sie entgeistert angeschaut, meine Mutter tat das Gleiche. Spätestens jetzt muss meine

Schwester an die eventuelle Reaktion meines Vaters gedacht haben.... Der Friseur hatte meiner Schwester den "Turmbau zu Babel" verpasst.

Mein Vater hatte die Eingangstür gehört, betrat den Flur und lief rot an. Nun kam mein Einsatz: Ich stellte mich vor meine Schwester (damals war ich ca. 10 Jahre alt) und flehte meinen Vater an, ihr ja nichts anzutun. Meine Mutter tat das Gleiche.... Aber mein Vater war so schnell und griff meiner Schwester in den "Haarturm". Nur mit größter Mühe schafften wir es, ihn davon abzuhalten Schlimmere zu tun.

Zu der damaligen Zeit war jede "äußerliche Veränderung" ein höchst risikoreiches Unterfangen in der Gesellschaft.

Sich geschlechtlich zu "outen" war undenkbar und wäre mit dem Abbruch aller gesellschaftlichen Beziehungen bestraft worden und hätte einen hohen psychischen Schaden an der eigenen Person verursacht.

Eine weitere Episode

Für die Großsittiche, die mein Vater sich im Ruhestand zugelegt hatte, wurden Nistkästen benötigt. Da sie von der Größe her unüblich waren und
im Handel nicht oder sehr teuer zu beziehen waren, mussten wir uns selber eine Lösung aus-
denken. Hierzu überlegten wir uns folgende Möglichkeit:

Wir besorgten uns einen Baumstamm aus Eiche,
sägten ihn in 1m – Abschnitte und brachten ihn
zum Stellmacher. Der wiederum trennte die
Baumschnitte mit der Bandsäge hälftig auf und
brachte sie in diesem Zustand zu uns. Dann liehen
wir uns, von unserem Zimmereibetrieb im Dorf,
eine elektrische Kettensäge aus. Mit der Säge
versuchten wir den Stamm auszuhöhlen. Ich versuchte meinen Vater von dieser Idee abzubrin-
gen, denn schon nach kurzer Zeit bestätigen sich
meine Befürchtungen, dass in dem Stirnholz die
Säge sprang... Wir beide gerieten dabei in einen
heftigen Streit. Ich geriet dabei mit der Säge außer Kontrolle - Beim Herausziehen der Säge aus
dem Holzstamm, lief die Kettensäge noch nach,

heute wäre das aus sicherheitstechnischen Gründen nicht möglich. Die Säge schlug um, mir aus der linken Hand in den rechten Unterarm... Sofort klaffte eine Wunde von ca. 20 cm auf, die Sehne lag frei und ich blutete wie ein Schwein.... Wenn jemand glaubte, dass mein Vater in Panik geraten würde, der hatte sich nun getäuscht. Er sagte zu mir: "Mach du jetzt mal ne' kleine Pause, ich mach schon
weiter hier."
Jetzt begriff ich gar nichts mehr - Hatte er den Ernst der Lage nicht erkannt. Irgend jemand musste mich verbinden...
Dazu verließ ich meinen Vater und unser Grundstück, ging über die Straße zu meinen Großeltern, wo sich auch meine Mutter aufhielt. Dabei hinterließ ich eine sehr deutliche Blutspur. Als ich bei meiner Mutter ankam, schlugen meine Oma und sie die Hände über dem Kopf zusammen, meine Mutter fragte dann auch gleich nach, was mein Vater machen würde.
Mit meiner Antwort brachte ich meine Mutter richtig auf die Palme, sie zerfetzte ein weißes Tuch, band es mir um den Arm und wir gingen damit zu meinem Vater. Als wir beide bei meinem

Vater ankamen, sagte meine Mutter zu meinem Vater: "Jan, ich weiß nicht was in dich gefahren ist, mir auch egal, du fährst sofort mit unserem Sohn zum Doktor." Das konnte unsere Mutter besonders gut - Sie hatte einen ganz eindringenden Blick und konnte mit ruhiger Ansage jede Order erteilen. Wer nun abermals glaubte, dass mein Vater jetzt in Rage geraten würde, der hatte sich geirrt.

Er holte in stoischer Ruhe seinen "Käfer" aus der Garage. Ich setzte mich neben ihn und er klopfte in aller Gemütsruhe seine Pfeife im Aschenbecher aus. Dann sagte er zu mir: "Das sieht schlimmer aus, als es ist, wir werden wohl erst in 14 Tagen bei den Stämmen weitermachen können." Beim Arzt angekommen, kannte ich die Arzthelferin. Sie fragte auch gleich nach, was passiert sei und deutete auf den Arm... Ich machte den Arm frei und dabei klappte sie regelrecht hinter dem Tresen zusammen.

Der Arzt ging sofort auf seine Arzthelferin zu, hielt ihr etwas unter die Nase und sie erwachte und stand gleichzeitig wieder auf.

Mein Vater hatte es gar nicht mitbekommen und war schon im Wartezimmer. Als ich mit einem Gipsverband wieder aus dem Behandlungszimmer kam, sagte er zu mir: "Da haben die aber einen von gemacht." Der Arzt sagte in einem ernsteren Ton zu meinem Vater: "Seien Sie froh, dass bei Ihrem Sohn nicht die Sehne verletzt wurde."

Mein Vater zog noch kräftiger an seiner Pfeife und wünschte einen schönen Sonntag.

Meine Mutter schüttelte nur mit dem Kopf, als wir zu Hause ankamen. Sie sagte anschließend zu mir: "Siegfried denk dir bitte nicht zu viel dabei, dein Vater hat im Krieg eine Menge miterlebt und gesehen."

Ich wusste nicht, ob ich meinen Vater bewundern oder verachten sollte, wenn er so emotionslos bei "blutigen Unfällen" reagierte. *Aber dieses Trauma "Krieg" hatte ihn schwer mitgenommen.* **Nicht dass er keine Antwort gab, wenn man ihn zu dem Thema befragte... Er stellte in dem Moment seine Emotionen zurück.**

Meine Mutter

Meine Mutter hatte liebevolle Eltern und einen tollen Bruder, meiner Meinung nach, und wuchs in Land Wursten an der Küste auf. Ihre Kindheit war unbekümmert und die Familie war stets füreinander da. Nachdem meine Mutter mit ihren Eltern und ihrem Bruder in das besagte Miethaus einzogen, kam die Familie, bedingt durch das Anwesen eines Bauernhofes, zu einem kleinen Garten, einer Kuh, einem Schwein und Hühnern. Sie hatten somit keine Not zu leiden während des Krieges. In dieser "kleinen, heilen Welt" gebar meine Mutter meine Schwester nach einem Heimaturlaub mit meinem Vater. Meine Mutter war stets für alle da. Sie war Mutter, Streitschlichterin, Erzieherin, Krankenschwester, Ehefrau, Buchhalterin (sie war spitze im Kopfrechnen - das habe ich von ihr) und eine 1a-Diplomatin. Ich sehe sie immer noch mit dem unterdrückten Lächeln bei der liebevollen Pflege ihrer Eltern. Hierzu musste sie von unserem Haus die Straße überqueren, zum Haus ihrer Eltern und meines Onkels.

Da mein Onkel Single und berufstätig war, übernahm meine Mutter Tag und Nacht die Pflege in den Jahren 1965 - 1967 (Opa) und 1974 - 1976 (Oma).

Hierzu eine Geschichte:
Eines Morgens schellte es an der Tür, es war die Nachbarin. Sie teilte uns mit, dass Oma sich auf der Straße befand und wirres Zeug redete. Oma hatte die Gardinen zerschnitten und das Fenster geöffnet und gelangte dann auf die Straße.

Es mag sich sehr merkwürdig anhören, aber mein Vater litt unter dieser Situation wie ein Hund... Er war eifersüchtig.... Wir bekamen jeden Tag die Streitereien zwischen unseren Eltern mit. Dabei wollte meine Mutter meinem Vater ganz eindeutig klarmachen, dass sie ihre Eltern bis zum Wegesende pflegen wollte. Mein Vater hielt dagegen und sagte "Ich komm nach Hause und du bist nicht da, selbst nachts kümmerst du dich nicht um uns." (Er meinte natürlich sich selbst), denn wir halfen schon mit, dass unser Haushalt auch erledigt wurde.

Das tat schon weh, wir verstanden beide Seiten. Was mussten beide, besonders natürlich meine Mutter, für Opfer bringen.

Meine Mutter sagte einmal zu mir: "Siegfried, wenn du an Gott glaubst, wirst du im Leben oft geprüft." Ich musste lange nachdenken, wie sie es meinte. Aber dann fiel mir ihre aufopferungsvolle Liebe zu ihren Eltern ein – Wie sehr musste meine Mutter leiden, wenn sie das Elend mit ansah bei der Pflege. Aber auch hier sagte sie zu uns: "Wenn man liebt, dann ist das Leid der Pflege nur halb so schlimm und Gott gibt uns die nötige Kraft dazu."

Zu dieser Zeit bekam meine Mutter zum ersten Mal das Medikament Tranxilium, sie hatte viel ausprobiert aber nichts half... Der Begriff Therapeut war zu damaliger Zeit überhaupt nicht verbreitet und der Besuch beim Psychologen galt als verpönt. Wenn meine Mutter überhaupt etwas über ihren Zustand erzählte, dann nur im inneren Kreis der Familie.
Sie hatte den Geheimtipp von einer Nachbarin bekommen, dass im Ort Rodenkirchen (andere

Seite der Weser) ein Neurologe praktizierte mit Riesenerfolg. Der war auch auf psychosomatische Krankheiten spezialisiert.

Hierzu ein Beispiel:
Als ich mit meiner Mutter und einer Bekannten die Praxis von dem Arzt betrat, fiel mir ein Patient auf, der zitterte am ganzen Körper wackelte mit dem Kopf und sah wie gebannt in eine Richtung. Als ich an der Reihe war, befragte ich den Arzt nach dem jungen Mann auf dem Flur. Er entgegnete mir, dass er amerikanischer Soldat, stationiert in Rodenkirchen, wäre. Die posttraumatischen Störungen kamen aus der Zeit, in der er aktiv im Vietnamkrieg beteiligt war. Das hätte er mir alles nicht sagen brauchen, unter dem Hinweis der ärztlichen Schweigepflicht. Er sagte mir jedoch wie aus der Pistole geschossen, dass ich mich mit meinen Krankheitssymptomen arrangieren und diese am besten auch zulassen müsste. Auch damals erkannte er schon, so wenig wie möglich, so viel wie nötig, an Psychopharmaka zu verschreiben, denn das Leben kann sehr lang sein. In Zusammenhang mit dem

Soldaten stufte er, anhand einer Skala, den psychischen Schmerz von 1-10, ihn mit 9 und mich mit 3 ein. Dies war bei mir der Beginn meiner Krankheit.

Dann bekam mein Vater die Nachricht, dass er Bronchialkrebs hat. 1 Jahr lang (1983 - 1984) pflegte meine Mutter ihren Liebsten bis zum bitteren Tod. Ich muss dazu sagen, dass ich bis zu dem heutigen Tage niemanden erlebt habe aus dem Pflegebereich, der mit solch einer Hingabe (nach außen nie unfreundlich) seine wichtigsten Menschen gepflegt hat.

Welche wunderbaren Eigenschaften meine Mutter noch hatte, erkläre ich an folgenden 2 Beispielen:
Meine Eltern hatten verkündet, dass in unserem Haus Menschen aller Art Zutritt hätten.. Dazu befand sich kein Schild an unserem Haus, sondern das "Herz" der Menschen war hierbei gemeint.

Im benachbarten Dorf, wo meine Mutter mit meiner Schwester und ihren Eltern und mit meinem Onkel während des 2. Weltkrieges gewohnt hatten, wohnte jetzt eine Melkersfrau mit ihrem behinderten Mann. Die beiden hatten nicht viel, gerade ihr Leben. Das Einzige, was die Frau sich gönnte, war ein Ausflug mit dem Zug nach Bremerhaven. Dazu musste sie zu Fuß von ihrem Dorf zu unserem Dorf, denn hier war der Bahnhof. Die Frau hatte ein steifes Bein und war "Steinträger" (Nierensteine). Sie musste oft eine Pause einlegen zwischen den Ortschaften und hatte dabei versucht sich mit den Menschen anzufreunden. Dieses war ihr leider misslungen.

Die Hintertür bei uns war eigentlich immer offen, meine Mutter war gerade am Bügeln und die Frau klopfte an und bat um Einlass. Meine Mutter öffnete die Tür und die Frau legte gleich los, indem sie meiner Mutter erzählte, das Haus, welches sie jetzt bewohne, sei das Haus, in dem meine Mutter vorher wohnte. Der Frau wurde sofort ein Platz angeboten und eine Tasse Bohnenkaffee, zu der Zeit noch etwas Besonderes. Dazu steckte sie sich eine Zigarette an, die hatte sie sich vom Mund abgespart.

Anschließend sagte ich zu meiner Mutter, "das ist aber ein komischer Mensch, lacht so laut und benimmt sich anders". Darauf meine Mutter: "Sie ist besser als manch anderer Mensch, ehrlich und lustig, ich kann nichts Komisches an ihr finden."Anschließend besuchte die Frau uns 1 mal im Monat, dabei wurde ihr von meiner Mutter immer eine Tasse Kaffee und eine Zigarette angeboten, obwohl meine Mutter gar nicht rauchte.

Eine weitere Episode:
Gegen Ende des 2. Weltkrieges gab es Hunger und Elend ohne Ende. Das Glück meiner Mutter und ihrer Familie war, dass sie, aufgrund eines eigenen Schweines, einer eigenen Kuh und eigener Hühner, in der Lage waren sich selber zu versorgen. Das Risiko der Hausschlachtung war jedoch sehr hoch, denn auf "Schwarzschlachterei" standen zu dieser Zeit hohe Strafen, wenn man bedenkt, dass man zu dieser Zeit dafür an die Wand gestellt und erschossen werden konnte.Aber der Hunger überwog das Risiko. Eines Tages klopfte es an der Tür, eine Frau von einer eleganten Erscheinung, hatte 2 edle Pelzmäntel über dem Arm und erzählte dabei meiner Mutter, dort wo

sie in Bremerhaven gewohnt hatte, wäre alles ausgebombt und ihre Familie, darunter 3 Kinder, in ganz tiefer Not. Sie flehte meine Mutter um eine Mettwurst, 1 Pfund Butter und etwas Gemüse an, dafür bekäme sie die beiden Pelzmäntel. Meine Mutter bat daraufhin die Frau, einen Moment zu warten. Sie besorgte all das Bestellte und legte noch Kartoffeln, Milch und Steckrüben obendrauf, lieh ihr ihren kleinen Handwagen aus und sagte zu der Frau: "Bitte nehmen sie ihre beiden Pelzmäntel wieder mit, alles kommt von Herzen".

Ich glaube nicht, dass ich noch beschreiben muss, wie sich die beiden voneinander verabschiedeten.

Anmerkung: Wer solch eine Mutter hatte, die man um Rat fragen konnte wenn man wollte und die immer für einen da war und eine ganz herzliche Art vermittelte ohne Streit und Zynismus, der brauchte sich, zumindest zu diesem Zeitpunkt, über das Thema Angst und psychosomatische Erkrankungen, keinen Kopf machen. Da sie aus eigener Erfahrung wusste, wie die

Nerven reagierten, wenn sie verrücktspielten, konnte sie mich vor allen Ärzten und Therapeuten am besten verstehen.

Meine Schwester

Meine Schwester wurde 1944 geboren. Bis zum heutigen Tag wirkte sie, für mich und gemeinsame Bekannte, vom Aussehen her, immer 10-15 Jahre jünger. Das lag daran, dass sie sich, im Vergleich zu den anderen jungen Frauen, immer sehr dezent schminkte. Aus meiner Schwesters Jugendzeit hier einige Anekdoten: So im ungefähren Alter von 13 Jahren schob meine Schwester den Kinderwagen ihres Bruders (nämlich meinen !!!) gemeinsam mit ihrer Freundin. Da es auf der Straße (damals noch möglich) langweilig war, ging es über Stock und Stein durch die Feldmark über Wiesen.

Nach einer ganzen Weile bemerkten die beiden Kinderfreundinnen, dass der Kinderwagen sehr leicht zu schieben war. Sie schauten in den Kinderwagen und guckten sich an, "Klein Siegfried" war nicht mehr im Kinderwagen.

Sie gingen den halben Weg zurück, gelangten dabei an einen Graben und hier lag der Verlorengegangene und summte ganz zufrieden.

Ich halte meiner Schwester bis zum heutigen Tage vor, dass dies der Beginn meiner psychosomatischen Erkrankung war. (S c h e r z !!!!!!)

Meine Schwester und ihre Freundinnen spielten liebend gerne Federball. Da die Zeiten schlecht waren, mussten Einfälle und Kreativität her. Hierzu wurde mein Opa (mütterlicherseits) eingespannt.

Einen Federball hatte man sich organisiert, aber es fehlten die Schläger. Mein Opa besorgte sich eine Holzplatte und schnitt mit der eigenen Phantasie, ohne Vorlage, zwei Badmintonschläger heraus.

Dass es beim anschließenden Spiel etwas lauter zuging, kann man sich denken. Die beiden Mädchen hatten jedoch so viel Spaß, dass sie sich fast in die Hosen machten.

Meine Schwester hatte eine unwahrscheinlich lockere Hand, was ihre Finanzen anging.

Wenn der 1. kam und es Geld gab, musste es auf den Kopf gehauen werden.

Hierzu muss ich sagen, als ihr kleiner Bruder habe ich wohl die schönste, süßeste Zeit erlebt und die habe ich meiner Schwester zu verdanken. Die Süßigkeiten, Schokolade und Eis spendierte meine Schwester und ich musste alles besorgen. Dazu bestieg ich mit meiner gestrickten kurzen Hose mein Fahrrad (mein Vater hatte es mir geschenkt, erworben durch eine kleine Schwarzarbeit beim Wirt (Decke streichen)), steckte mir das Geld in die Brusttasche und düste los. Auf dem Weg zur Kneipe gingen mir mehrere Sachen durch den Kopf: Ich hatte 50 Pfennig bekommen, das wäre ein Eis und sofort aufgegessen. Wenn ich jetzt aber für 20 Pfennig Vanillekugeln (2 Pfennig/St) und für 30 Pfennig Lakritzpfeifen (5 Pfennig/St) kaufen würde, so würde der Schnitt besser sein. Ich fuhr zurück und zu Hause angekommen, lieferte ich alles für die anderen ab und wurde nach meinem Erwerb befragt. Ich packte daraufhin alles aus, wurde belacht und genoss meine Sachen. Als Kind hatte ich einen Lockenkopf. Das war damals mein Markenzeichen, jeder durfte mal streicheln. Meine Schwester fuhr auf Klassenfahrt, als sie wieder zurückkam, stürmte ich in ihr Zimmer und begrüßte sie auf niederdeutsch – sinngemäß "Hallo Aget (Kurzform von Annegret", daraufhin weinte meine Schwester ganz entsetzt los und rief "Siggi, was haben sie denn mit dir gemacht?" (Es war Sommerhitze, und es wurde beschlossen mir das Ganze ein wenig zu erleichtern, indem die Haare geschoren wurden.)

Jetzt ein kleiner, zeitlicher Sprung: Mit ca. 17 Jahren spielte ich Fußball in einer sehr guten Mannschaft. Wir wurden Meister in der Bezirkssonderstaffel. Zu dem Zeitpunkt hatten wir einen honorigen Sponsor und die Meisterschafts-Feier mit meinen Mannschaftskameraden und meiner Freundin konnte beginnen.

Wir ließen an diesem Tag so richtig die Sau raus, sodass meine Freundin sich, zumindest für diesen Abend, verabschiedete (hat man mir gesagt...) Als wir dann morgens mit dem Taxi zu Hause ankamen, setzte ich einen meiner Mannschaftskameraden auf dem Zaunpfeiler ab und schoss dann ein paar Häuser weiter ab nach Hause. Ich hatte Glück, dass meine Schwester vom Krach wach wurde und mir meinen Kopf rettete, indem sie meine "Schweinereien" wegmachte und sich die melancholische Geschichte mit meiner Freundin anhörte. Das habe ich ihr nie vergessen. Ein Bild von meiner Schwester aus jüngeren Jahren erinnert mich noch immer an ein Model (sie hatte sich so gut wie gar nicht geschminkt!!!!!).

Opa (mütterlicherseits)

Als ich meinen Opa bewusst kennenlernte, war er schon im Rentenalter und sehr krank. Mein Onkel, Oma und Opa bauten gegenüber von uns ein Haus, in dem alle 3 wohnten. Es war das Jahr 1967 (Winter) und es herrschte Schneetreiben... Opa kam mir auf dem Bürgersteig, gegenüberliegend von uns entgegen. Er war bei der Sparkasse gewesen. Ich bemerkte sofort, dass irgendetwas an ihm nicht stimmte. Er schwankte von einer Seite zur anderen und hielt sich den Schal vor den Mund.

Dann entschloss ich mich, ihm entgegenzulaufen und rief, gegen den anhaltenden eisigen Sturm, "Opa, was ist los mit dir?" Aber ich bekam keine Antwort.. Dann stützte ich ihn so gut ich konnte bis zu seinem Haus. Meine Oma kam mir leichenblass entgegen und fragte "Herrmann, wo warst du, habt ihr einen geschnasselt?" Meine Oma bekam ebenfalls keine Antwort. Einen Krankenwagen zu bestellen, hätte 1-2 Stunden gedauert und man musste erst einmal ein Telefon aufsuchen, das war ungefähr 500m entfernt. So entschied man sich für den hiesig bekannten Dorfarzt. Der kam tatsächlich im tiefen Schnee mit seinem PKW angepoltert. Er war ein sehr liebenswerter Mensch und hatte für jeden die richtigen Worte parat, allerdings hatte er ein Alkoholproblem, aber was wollte man machen, es war die einzige sofortige Möglichkeit der Ersten Hilfe.

Beim Eintreten in das Schlafzimmer duzte er gleich jeden und sagte dann auch "Herrmann, was machst du für Sachen?" Er bekam auch keine Antwort, stellte aber fest, dass mein Opa einen Schlaganfall hatte. Opa wurde, im Rahmen der bestehenden Möglichkeiten, behandelt, kam aber in kein Krankenhaus. Meine Mutter übernahm die Vollzeitpflege zu Hause. Ich habe dabei immer nur das Gesicht meiner Mutter vor Augen, die ihn so liebevoll behandelte und immer wieder die geballten Ladungen mit Wäsche, es gab noch keine Einwegwindeln. 1 Jahr später starb Opa.

Opa war ein sehr ruhiger, ausgeglichener Mensch, der auch gelegentlich mal einen Schnaps trank und priemte.. Aber seine Lebensschnur wurde aus Arbeit gesponnen, morgens, bereits um 1.00 Uhr, trieb er, als Zehnjähriger, die Pferde um und eine Lehre gab es nicht, mit 17 kam er gleich zum Deich-und Sielbau, bis ins Rentenalter immer eine anstrengende Knochenarbeit. Er hatte nur wenig von seiner Rente, die schwere Krankheit hatte ihn eingeholt.

Oma (mütterlicherseits)

Oma war eine sehr lebenslustige, humorvolle und tolerante Frau. Sie liebte die Natur, besonders ihren Gemüsegarten und ihre Hühner,
mit denen sie auch sprach.. Sollte man morgens gegen 5.00 Uhr schon jemanden im Garten arbeiten sehen, so war es Oma....
Den Haushalt für die drei schmiss sie und sie war eine wunderbare Köchin. Wenn es bei uns einmal nicht so das "wahre Essen" gab, schlich ich mich rüber zu Oma und genoss in vollen Zügen ihre göttlichen Speisen.
Sie sagte zu mir "Ich war einmal in Stellung bei hohen Herrschaften in Wien und was ich da gekocht habe ist noch im Kopf bei mir."

Dann fragte sie mich "Noch ein kleines Tänzchen?" Sie machte dabei das Radio etwas lauter
und wir beide drehten ein paar Runden. Ich
werde diese schönen Stunden nie in meinem Leben vergessen.

DANKE OMA

Dann erlitt sie das gleiche Schicksal wie mein
Opa. Wieder pflegte meine Mutter einen Menschen, ihre Mutter, zum Wegesende. **Das war der
erste bewusste tiefe Einschnitt in meiner Seele,
hier bemerkte ich sehr lange, dass es keinen Er-
satz für diesen Menschen gab.**

Mein Onkel

Ihn muss man sich als Pfeifenraucher mit Schiffermütze vorstellen. Ein sehr ruhiger, besonnener Mensch, der es verstand, jede hektische Aktion die aufkam, zu entspannen. Er war von Beruf Tischler und wer seine Arbeitsstücke sah, wusste dass er Spaß an seinem Job hatte. Gleichzeit war er Ausbilder für die Lehrlinge und dort sehr beliebt. In seiner Freizeit arbeitete er im Gemüsegarten, hörte gerne Musik und spielte auch Akkordeon. Nur mit den Frauen hatte er es nicht so, ich kann mich nicht erinnern, dass er jemals eine Freundin gehabt hatte. Dies lag nicht darin begründet, dass er vielleicht ein schlechter Mensch war, sondern daran, dass er sehr schüchtern war. Benötigte jemand aus der Nachbarschaft handwerkliche Hilfe, so sprang er ein. Schon als junger Mensch hatte er häufig Kopfschmerzen und der besagte Dorfarzt verschrieb ihm Schmerzmittel, nach der eigentlichen Ursache wurde in den 50er und 60er Jahren nicht gesucht.

Mitte der 70er Jahre entdeckte man bei ihm Nierensteine und dabei hatte er höllische Schmerzen. Er wurde fast wöchentlich einen Stein los, auf dem natürlichen Wege. Dann war er leichenblass und krümmte sich vor Schmerzen.Er war meist zum Wochenanfang so krank, dass er gar nicht aus dem Bett kam. Mit Anfang sechzig wurde er Frührentner. Kaum dass er Rentner war, bekam mein Onkel einen Schlaganfall... Es war ein Wunder, dass er den Schlaganfall überlebte. Oma und Opa, die mit ihm zusammen im gleichen Haus lebten, waren bereits tot und er somit alleine. Der Anfall muss in der Nacht gewesen sein, am nächsten Morgen fanden ihn meine Schwester und mein Schwager. Einer Person, der es wieder mal am nächsten ging, war meine Mutter. Sie schmiedete schon wieder Pläne, wie sie meinen Onkel am Besten pflegen könnte. Dann mussten wir einschreiten: Wir versuchten unserer Mutter (zu diesem Zeitpunkt etwa 70 Jahre alt) zu erklären, dass sie, allein schon aus gesundheitlichen Gründen, diese Pflege nicht durchführen könne und dass wir sie auch noch gerne ein bisschen bei uns hätten. Meine Mutter kam mir so vor, als wenn wir ihr eine Hand abschneiden wollten, so wehrte sie sich verbal. Uns fiel die Entscheidung wirklich nicht leicht, aber keiner von uns konnte die Pflege übernehmen, wir waren alle berufstätig und somit brachten wir ihn schweren Herzens in ein Heim. Am Wochenende holten wir ihn zu uns und dabei passten wir auf, dass unsere Mutter sich nicht übernahm.

Anmerkung: Die Ärzte meinten nach einem Gespräch mit meiner Mutter, dass zum Beispiel grundsätzlich am Montag, wenn sich ein Nierenstein bei meinem Onkel ankündigte, es damit zu tun hätte, wie mein Onkel sich im Vorfeld reinsteigerte, da er ja am Montag wieder zur Arbeit gehen wollte, im Vorfeld auch eine psychische Vorbelastung.

Für die Familie war wichtig: Wir mussten wieder einen Schritt näher zusammenrücken.

Er lebte noch einige Jahre, verstarb im Jahr 1995.

Meine Frau

Meine Frau lernte ich kennen am 05.01.1991 und ich möchte bis heute keinen Tag missen, den wir beide zusammen verbracht haben: Das erste Mal , als ich meine Frau wahrnahm, war beim Badminton, schlank, blaue Augen, etwas bräunliche Haut, die Haare zusammengesteckt zu einem Pferdeschwanz. Geschminkt hatte sie sich ganz dezent... Eine angenehme, ruhige Stimme, ein witziger Typ und dann auch wieder sehr besonnen und ein richtig guter Zuhörer. Wir beide genossen jede Stunde in vollen Zügen.

Es waren die ersten Tage unserer Beziehung und wir verabredeten uns überwiegend in ihrer kleinen Wohnung. Einmal in der Woche, meist zum Wochenende, brachte ich ihr die neueste Parfümnote und eine Flasche Wein mit. Wir gingen aus, besuchten das Kino, aßen in exzellenten Restaurants, waren in Diskotheken. Aber am Wohlsten fühlten wir beide uns zu Hause in ihrer Wohnung, bei Wein, verzauberter Musik und sprachen darüber, wie wir uns das weitere Leben vorstellten. Dabei skizzierte ich ihr auf Zetteln, die sie als Erinnerung aufbewahrt hat, unseren Umbau an meinem Elternhaus. Selbstverständlich wurden die Kinderzimmer hierbei nicht vergessen.

Meine Mutter und meine neue Freundin waren gleich auf Anhieb innig miteinander vereint. Da meine Mutter auch Niederdeutsch mit mir sprach, musste meine Frau zu Anfang unserer Beziehung genau hinhören, sie verstand aber immer besser... Hierzu eine kleine Anekdote: Meine Mutter erklärte mir auf Niederdeutsch, dass wir noch zum Friedhof ("Karkhoff") müssten. Meine Frau verstand unter "Karkhoff" einen Kaufmann und sagte zu meiner Mutter "Mutti zum Kaufmann kann ich auch mit dir fahren". Wir haben hierüber noch lange geschmunzelt.

Aber kaum, dass wir uns kennengelernt hatten, hatten wir auch schon unseren ersten gemeinsamen Trauerfall zu beklagen: Ihr Bruder verstarb unter sehr mysteriösen Umständen. Ich hatte ihn nur ganz kurz am Telefon kennengelernt - er hatte eine ausgesprochen angenehme, ruhige Stimme und war bei dieser Momentaufnahme sehr herzlich. Er war als Kind schon mit einem künstlichen Darmausgang konfrontiert und hatte somit ein schweres Handicap. Dafür war er ein ausgezeichneter Maler, hat jedoch seine Begabung leider nie so richtig umsetzen können. Meiner Frau ging das alles sehr nahe und es dauerte einige Zeit, bis wir uns wieder voll auf uns konzentrieren konnten.

Der Ausbildungsberuf meiner Frau ist Masseurin und medizinische Bademeisterin, dabei ist der Umgang mit älteren Menschen ihr in die Wiege gelegt worden.

Ich habe sie oft beobachtet, wie einfühlsam und behutsam sie gerade mit älteren Menschen umgehen kann. Als unsere Kinder im Säuglingsalter waren, war ihre Ausbildung ebenfalls von Vorteil und ich guckte ihr dabei gern über die Schulter. Aber meine Frau vergaß nicht, mir einen Schnellkursus in der Säuglingspflege zu verpassen, so dass ich ebenfalls mit wickeln musste.

Die schwersten Passagen unserer Ehe galt es aber immer dann zu meistern, wenn ich, wie unangemeldet, meine psychosomatischen Verstimmungen bekam, wobei meine Frau mindestens genauso litt wie ich. ....Kein Verlangen nach Sex meinerseits..... Das Verlangen meiner Frau blieb unberücksichtigt....

Wie lange würde das gutgehen? Das war die Frage... Eine unterdrückte Stimmung lag in der Luft... Meine Frau versuchte mich häufig zu trösten, kam aber oft nicht an mich heran. Dann immer wieder die Aussage "Wir müssen reden".
Ich hatte das schon als eindeutigen Hinweis gesehen..... hatte Angst und war gleichzeitig lethargisch. Das war gleichzeitig die gefährlichste Phase in unserer Partnerschaft.... **"Mir war alles egal."** Dann waren die Kinder auf einmal da und wollten etwas.... Der erste richtige Streit war vorprogrammiert. Im Grunde genommen war man unsachlich und wollte nur seine eigene Meinung durchsetzen, denn für etwas anderes reichte die Kraft gar nicht. Wieder hatte ich Angst, dieses Problem damals meiner Therapeutin zu schildern.
Meine Frau war zu diesem Zeitpunkt auch nicht davon überzeugt, dass sie uns hätte helfen können. Als meine Mutter starb, hatte meine Frau

niemanden, mit dem sie über unsere Probleme reden konnte. Meine Schwiegermutter hatte mich immer nur mit großen Augen angesehen, wenn ich von dem Ausbruch meiner Krankheit berichtete. Sie konnte das Wort "Depressionen" im übertragenden Sinne nicht aussprechen. Meinem Schwiegervater war das Ganze zu abstrakt, man konnte die Krankheit eben nicht anfassen und sehen.

Wenn ich einmal aufgrund meiner Krankheit krankgeschrieben war, galt ich als Simulant und wurde kaum noch respektiert.

Da war man eben nur noch ein Mensch 2. Klasse und es wurde sehr schwer für mich, gerade gesellschaftlich auf Veranstaltungen, Anerkennung zu finden. Den meisten Menschen begegnete ich hier mit einem mitleidenden, verstörten, unsicheren Blick. Unsicher auch schon deswegen, weil kaum einer den Mut hatte mich auf meine Krankheit anzusprechen.
Selbst gut geglaubte Freunde klinkten sich hier aus. Ich hatte das Gefühl, dass man vor sich hin

dümpelte und bei der Menschheit wenig Verständnis vorfand.

Aus heutiger Sicht habe ich für die damalige Situation schon wesentlich mehr Verständnis für die Menschen, warum sie so reagiert haben....

Für meine Frau und mich war dies das Tal der Tränen, wobei ich weder weinen noch lachen konnte. Ich bin meiner Frau bis zum heutigen Tage unendlich dankbar dafür, dass sie mich in dieser schwierigen Zeit nicht alleine gelassen hat, oft hatte ich von ähnlichen Fällen erfahren, wie dort eine Ehe auseinander ging. Es gilt zwar der Satz **"in guten wie in schlechten Zeiten"** aber es war die höchste Belastung der Emotionen angekommen und spätestens hier habe ich gemerkt, wie sehr ich an meiner Frau hing. Wie oft blieb sie mit ihren Gedanken alleine, denn ich schaffte es nicht ihr emotional zu folgen. Wann kam das Gewesene alles wieder zurück?
Ab wann war ich wieder der "Alte"?
Wer konnte mir diese Fragen beantworten?

Unser Sohn

Unser Sohn Dirk wurde am 24.08.1992 geboren und kam mit den medizinischen Hilfsmitteln Zange und Glocke zur Welt. Für mich als Vater, war es das größte Ereignis in meinem Leben, bei der Geburt dabei zu sein und anschließend mein eigen "Fleisch und Blut" in Form eines Menschen auf dem Arm zu halten. Dirk wurde als Kleinkind von seinesgleichen genauso verprügelt wie ich, oft wurde seine Gutmütigkeit ausgenutzt und es war sehr schwer ihm beizubringen, dass es in der heutigen Welt nur mit "Ellbogen" vorangeht, wenn man sich durchsetzen will. Dirks Leidenschaft ist die Musik, vornehmlich Klavier oder Keyboard. Von klein auf, brachte er sich das Musizieren selber bei und blühte dabei richtig auf. Von Covern bis Eigenkompositionen, kann man seiner Musik entspannt zuhören.

Bei der Schulbildung nahm ich als Vater wesentlichen Einfluss auf meinen Sohn, meine Frau und ich schickten ihn aufs Gymnasium..... Als er die Schule antreten sollte, passierte Folgendes:

Es war im Sommer 2004, sehr heiß... Dirk und seine Kumpels spielten bis spät in die Abendstunden und wir achteten nicht darauf, dass er ausreichend trank. Am nächsten Tag klagte er über Kopfschmerzen, wir gaben ihm ein leichtes Schmerzmittel... Gegen Abend waren die Schmerzen immer noch nicht abgeklungen. Meine Frau rief daraufhin den Kinderarzt an und der verordnete per Telefon eine stärkere Dosis Schmerztabletten. So ging das ganze Prozedere 3-4 Tage und nichts half... Wir waren beunruhigt und wendeten uns an den Arzt mit dem Hinweis: "Bitte weisen Sie unseren Sohn in die Klinik ein" - das hätte er sowieso vorgehabt.

Dirk wurde eingewiesen und bei der Untersuchung des Hirnwassers wurden die Ärzte alarmiert und vollzogen ein CT... Nach der Untersuchung kam der Oberarzt auf meine Frau zu und sagte zu ihr "Frau Wohltmann, Sie wissen gar nicht, wie krank Ihr Sohn eigentlich ist."

Meine Frau konnte mit dieser Aussage nur teilweise etwas anfangen und hakte nach....."Bei der Untersuchung haben wir festgestellt, dass Ihr Sohn 2 Sinusvenenthrombosen im Kopf hat, hier in Bremerhaven können wir ihn nicht weiter behandeln." "Ein Helikopter ist verständigt und bringt Sie und Ihren Sohn nach Bremen.." Meine Frau überbrachte mir die Botschaft per Handy... Ich war gerade mit unserer Tochter beim Aufräumen einer vortägigen Feier. Als erstes rief ich meine Schwiegereltern an und fragte, ob sie unsere Tochter für ein paar Tage nehmen könnten, sie stimmten anstandslos zu. Ich packte rasch noch ein paar Sachen für meine Frau und meinen Sohn und düste ab nach Bremerhaven zur Klinik. Hier wartete bereits der angekündigte Helikopter. Nie werde ich den Moment vergessen, als ich meine Frau und meinen Sohn noch einmal in die Arme schloss, mit der Ungewissheit, wie alles wohl ausgehen mag. Meine Tochter erzählte mir, dass sie am Fenster stand bei Oma und Opa und darauf wartete, dass der Hubschrauber vorbeiflog. Dann, aus dem 8.Stock im Columbus Center, winkten sie alle drei Dirk zu.

Es war einer der wenigen Momente, wo ich mal wieder hätte weinen können...

Aber es ging noch weiter:
In Bremen, in der Klinik angekommen, kümmerte man sich rührend um unseren Sohn - Er bekam intravenös Cortison zur Abschwellung der Thrombosen und Blutverdünner, damit die Vene wieder frei wurde. Die Schwestern hielten uns immer auf dem Laufenden, ganz gleich wem man vom Fachpersonal begegnete, es gab eine kompetente Antwort. ....Aber nach wie vor hing alles an einem seidenen Faden.....

Auf der Arbeit hatte sich bereits alles herumgesprochen und der Chef bat mich zu sich. Er sagte zu mir, dass alle mit uns leiden würden und bot mir weiterhin an, dass ich ab mittags zu meinem Sohn könne.... dafür war ich ihm sehr dankbar.
Überhaupt waren alle Kollegen unserer Familie gegenüber ausnahmslos sehr hilfsbereit, dafür an dieser Stelle noch einmal **VIELEN DANK.**

Die Wochen vergingen und die beiden Pfropfen (Thrombosen) lösten sich schwer......

Immer wieder die Nachfrage unsererseits: "Was macht unser Sohn, geht es ihm schon besser?" Und dann die Antwort "Er stabilisiert sich, der Zustand ist aber immer noch ernst."

Jeden Abend das Gebet zu Gott "Lass unseren Sohn nicht allein, bitte hilf ihm" Jeden Tag die zermürbenden Fahrten nach Bremen, mit der Ungewissheit "Lebt er überhaupt noch?" und es war auch noch nicht klar, ob wir Dirk zu hundert Prozent gesund wiederbekommen würden.

Wir hatten oft Gespräche mit dem Chefarzt, der uns immer wieder motivierte nie aufzugeben. Bei dem Gang über die Flure, stellten meine Frau und ich fest, dass wir noch nie so viel Elend gesehen hatten...... Kinder im Wachkoma, nur noch vor sich hin winselnd, bei einem Eltern/Arzt-Gespräch bekamen wir eine Momentaufnahme des Grauens.... Ihnen wurde mitgeteilt, dass ihr Kind unheilbar krank ist.

Eines können Sie mir glauben, liebe Leserinnen und Leser, mitunter hätte ich im Erdboden versinken mögen und dann erst wieder aufwachen, wenn es für alle eine erlösende, positive Nachricht gibt.... Es gibt im Leben nichts Schlimmeres, als mit ansehen zu müssen, wie das eigene Kind leidet.

Man brachte einen Jungen mit türkischer Abstammung, der ebenfalls sehr krank war, zu Dirk ins Zimmer. Im Gegensatz zu den deutschen Patienten ist bei türkischen Familien und anderen Ausländern, der Familienclan sofort vollständig anwesend. Sie begrüßten auch Dirk und uns sehr herzlich und die beiden Jungen verstanden sich auf Anhieb.... Es gab aber auch eine amüsante Episode:
Meine Schwester und mein Schwager besuchten Dirk am Abend und fragten ihn nach seinem Wohlergehen - Dirk antwortete "Soweit geht es mir ganz gut, aber ich habe mich schon gewundert, wenn ich hier auf diesen Knopf drücke, dann kommen die Nutten." (Er hatte es verwechselt mit den Nonnen)

Obwohl der Umstand es eigentlich nicht zuließ, mussten die beiden doch einmal ganz herzlich lachen. Dann kam der Augenblick, in dem meine Frau und ich die Nachricht bekamen, dass das letzte CT sehr positiv gewesen sei und Dirk bald entlassen werden könne.

Ich stieß ein Stoßgebet zum Himmel und bedankte mich......

Wir führten mit Dirk noch einmal ein ganz ausführliches Gespräch, in dem wir von ihm wissen wollten, ob er nach wie vor das Gymnasium besuchen wolle und er stimmte zu. Meine Frau und ich wussten beispielsweise auch nicht, welchen Schaden seine Krankheit auf seine Pubertät ausgelöst hatte, die Ärzte rieten uns in Ruhe abzuwarten. Dirk trat seinen Unterricht im Gymnasium an und obwohl sich seine Noten verschlechterten, war er nicht versetzungsgefährdet... Das hielt er auch bis zur zehnten Klasse durch. Dann teilte er uns mit, dass er von der Schule die Nase voll hätte und etwas anderes machen wolle. Für uns war das nicht hinnehmbar und wir redeten auf ihn ein "Dirk ohne Abitur hast du keine Chance."

Ich redete mich regelrecht in Rage und bemerkte gar nicht, das unser Sohn bereits damit abgeschlossen hatte, aber ungemein unter unserem Druck litt....

Dann geschah etwas Unheimliches: Dirk bekam Panikattacken - er konnte nicht mit dem Bus fahren, nicht mit dem Zug fahren... Wir gingen mit ihm zu einem Psychologen für Jugendliche. Bereits nach ein paar Therapiestunden schlug die Ärztin eine Kur vor. Nun hatten wir das Gefühl, dass wir im Leben von nichts verschont bleiben sollten und fielen in ein tiefes Loch....

Jedes Wochenende besuchten wir unseren Sohn in der Kurklinik in Bad Malente und hatten das Gefühl wie in dem Film "Täglich grüßt das Murmeltier " das wir aus diesem Hamsterrad der Gefühle nie wieder herauskommen würden.

Dirk freundete sich schnell mit seinen Mitpatienten an und auf seine Gruppe ließ er nichts kommen. Für Dirks Einzelgespräche, hatte man einen sehr jungen Therapeuten vorgesehen. Während der ersten Gespräche schaute er mehrfach zur Uhr.

Das brachte unseren Sohn auf die Palme und ich vermute die verspätete Pubertät kam zum Ausbruch - Dirk sagte zum Therapeuten "Sie müssen schon mit mir reden, wenn Sie etwas von mir wollen und nicht nur zur Uhr schauen, denn damit geht die Zeit auch nicht hin." Der Therapeut hatte nichts Besseres zu tun und schrieb in den Abschlussbericht: "Pubertäres Gehabe des Jugendlichen......." Mein Therapeut meinte zu mir, er könne sich daran erinnern, wie schlecht die Therapeuten zu Berufsanfang verdienen würden, dann könne schon mal so etwas vorkommen. Dirk hatte keinen Respekt mehr vor dem Therapeuten und ich denke mal die "Chemie" zwischen den Beiden stimmte auch nicht ganz. Er wollte unbedingt weg aus der Klinik... Wir stimmten dem zu, unter der Bedingung, dass wir in Bremerhaven eine Therapeutin oder einen Therapeuten finden würden, der ihn auffängt. Hier hatten wir riesiges Glück.... Es stellte sich eine Therapeutin vor, die sehr umsichtig auf das reagierte, was wir ihr von der Vorgeschichte schilderten. Sie nahm Dirk direkt an die Hand, um bereits nach einigen Stunden eine Konfrontationstherapie zu vollziehen, d.h. sie setzte ihn in einen Bus, winkte ihm zu und wartete ein paar Stationen weiter.... Zwischendurch bekamen wir (der Rest der Familie) eine Einladung von der Therapeutin zu einem gemeinsamen Gespräch, jeder von uns Familienmitgliedern bekam ein volles Glas Wasser und musste dann entscheiden, wie viel er dem anderen abgeben würde. Das war schon interessant, wie gerade die Kinder sich entschieden. Dirk war von seiner neuen Therapeutin hin und weg...... Die Panikattacken wurden erkennbar weniger und Dirk war viel ausgeglichener.

Aber zur Schule wollte er nicht mehr. Ich vergegenwärtigte ihm, was eine Ausbildung, gleich wie er sich entscheidet, für ihn bedeuten würde, zum anderen wusste ich unter welchem Druck er in der Schule stand und das musste nicht sein. Die Entscheidung von Dirk war eine Ausbildung zum Einzelhandelskaufmann. Das machte er mit Auszeichnung.... und von unseren Nachbarn und

Freunden erfuhren wir voller Genugtuung, dass er seinen Job mit Hingabe machte.

Gegen Ende der Ausbildung bekommt er wieder Panikattacken und ist krank... Meine Frau und ich leiden wieder sehr mit, versuchen unserem Sohn zu helfen, wo wir können... doch wir merken, dass es für ihn ein ganz empfindlicher Schlag war... Von himmelhoch jauchzend bis zu Tode betrübt... die Nerven liegen wieder einmal blank...

Was natürlich auch mit ausschlaggebend sein könnte, war die Tatsache, dass Dirk in den 3 Jahren seiner Ausbildung einige Tage krank war... und er stellte am Arbeitsplatz allen klar, dass er unter einer schweren Agoraphobie erkrankt war. Vielleicht hatte Dirk das Pech, einen Chef gefunden zu haben, der diese Krankheit überhaupt nicht akzeptierte.

Unsere Tochter

Unsere Tochter Anna wurde am 16.04.1998 geboren. War meine Frau mit Dirk bei der Geburt noch 16 Stunden beschäftigt mit Glocke und Zange, so war Anna dagegen nach 3 Stunden ohne Probleme auf der Welt. Die Hebamme legte Anna auf eines der Kissen, machte ein Foto von ihr und dabei zickte sie schon das erste Mal. "Mit der jungen Dame werden Sie noch viel Freude haben" meinte die Hebamme. Dass unsere Tochter ein Widder ist, haben wir bisher jeden Tag beobachten können... sie ist das Gegenteil von Dirk und sie will mit dem Kopf durch die Wand. An dem Tag, als Anna eingeschult wurde, lag Dirk im Krankenhaus und wir und Anna mussten ohne ihn feiern. Ein zusätzliches Ärgernis: In der Nähe von unserem Kuchentisch stand nicht weit weg ein Pflaumenbaum, an dem sich die Wespen erlabten... Die Wespen wollten aber auch noch etwas von unserem Kuchen, so dass es hier recht ungemütlich wurde... Die Gemütlichkeit wollte, aufgrund der erwähnten Umstände, sowieso nicht aufkommen und wieder kam unsere Tochter zu kurz. Die ersten Schulnachmittage verbrachte Anna unter Aufsicht meiner Schwester, denn wir mussten zu unserem Sohn nach Bremen. Meine Schwester berichtete uns anschließend, dass Anna ganz unterschiedlich drauf war... einerseits wollte sie die Schularbeiten gleich machen und dann am nächsten Tag am besten gar nicht... Dirks Krankheit ging nicht spurlos an ihr vorüber, das konnte man ganz deutlich merken, heute tut es uns sehr leid, aber zum damaligen Zeitpunkt hatten wir genug mit uns selbst zu tun.

Als wir dann endlich die Nachricht bekamen, dass es Dirk wieder besser ging, konnte Anna gar nicht die Zeit abwarten, bis ihr Bruder zu Hause ankam. Bei der Ankommensfeier für Dirk war sie ganz eifrig und aufgeregt beim Herrichten und Schmücken, denn sie wollte ihm eine ganz besondere Freude machen. Wenn die Beiden sich teilweise aufführten wie "Hund und Katz", so innig begrüßten sie sich dann aber beim Wiedersehen.
Wir hatten aber auch das Gefühl in dem Moment, dass unser Sohn, gerade durch seinen Klinikaufenthalt, um einiges reifer und verständnisvoller

geworden war. Schulisch ist Anna vom Format her eine Realschülerin. In ihr steckt zwar viel mehr Potential, sie ist aber einfach zu faul... Sie sagt immer das, was sie gerade denkt und eckt dabei natürlich häufig an es ist schon anstrengend...

Anna tanzt liebend gerne, hierbei vergisst sie öfter mal die Geschwindigkeit und hatte in 14 Tagen 3 kleine "Betriebsunfälle"... Zur Zeit macht sie eine Ausbildung zur Erzieherin. Wenig zu Hause, frisch verliebt und immer locker... Wir hoffen, dass der Schalter bei ihr, hinsichtlich des Reifungsprozesses, irgendwann einmal auf "On" geht.

Wie ängstlich und fürsorglich Anna aber auch sein konnte, zeigt folgende Episode:
Ich hatte tagsüber viel Stress auf der Arbeit und zu Hause angekommen, versuchte ich mich mit Gartenarbeit abzureagieren. Gegen Abend hatten wir die Idee, noch einen kleinen Imbiss in einem Bistro einzunehmen.
In dem Moment wo das Essen serviert wurde, flimmerte es bei mir vor den Augen und ich brach

am Tisch zusammen. Den nächsten Augenblick erlebte ich wieder, als der Notarzt bei mir die Vene suchte. Ich wurde ins Krankenhaus gebracht. Nach eingehenden Untersuchungen wurde jedoch letztendlich ein Kreislaufversagen, aufgrund des anstrengenden Tages, festgestellt. Zwischenzeitlich besuchte meine Familie mich und die "kleine Anna", damals 8 Jahre alt, trat am Krankenbett ganz dicht an mich heran und sagte: "Papa, ich habe so eine Angst um dich, kannst du bitte mit dem Rauchen
aufhören?"
Das Ganze ging mit so nahe, dass ich selber zu mir sagte: 'Hier hast du die beste Möglichkeit aufzuhören' und seit diesem Tag rauche ich seit 11 Jahren nicht mehr.

Während eines Norwegenurlaubes konnten wir an Bord auf unserem Schiff nur von Land aus mit unseren Kindern kommunizieren, wenn wir mal Landgang hatten.

Dabei hatten wir das Gefühl, dass die Nachrichten von Anna unterdrückt und nicht befreit über-

sandt wurden. Nachdem wir wieder zu Hause ankamen, erzählten unsere Kinder uns, was so alles
während unserer Abwesenheit passiert war. Einen Tag später rief unser Sohn ganz bedrückt von
seiner Wohnung aus an und erzählte uns, dass er
sein Wissen nicht länger verschweigen könne
und teilte uns mit, dass Anna schwanger sei.
"Anna ist jetzt bestimmt sauer, aber ich kann
nicht mehr. Sie spielt mit dem Gedanken abzu-
treiben."
Meine Frau und ich waren uns einig: Wir mussten
mit Anna reden. Dabei nahmen wir ihr den Wind
so ein wenig aus dem Segel und stellten
klar, dass bei allen Problemen immer eine Tür für
beide Kinder offen steht. Nach kurzer Debatte
sagte ich zu Anna: "Das Kind kann für diesen Ausgang der Situation am wenigsten und ich als dein
Vater rate dir, das Kind zu bekommen, denn in jeder Situation (Geburtstag o.ä.) wirst du daran erinnert, wenn dein Kind nicht mehr da ist."
Als die Verwandtschaft und Nachbarn davon erfuhren, zerrissen sie sich die Mäuler und unkten
und mobbten... "Das Mädchen hat seine Ausbildung abgebrochen und steht jetzt mittellos da,

bekommt das Geld von uns – vom Staat." Da irrten sie sich ganz gewaltig, denn bis zum 25. Lebensjahr ist unsere Tochter, da sie bei uns wohnt, durch uns versorgt, das Gleiche gilt für unser kommendes Enkelkind. Anna legt die Hände nicht in den Schoß und will für sich und ihr Kind sorgen. Liebe Leserinnen, liebe Leser, Sie glauben es vielleicht nicht, trotz der Attacken gegen unsere Tochter, freuen wir uns auf unser kommendes Enkelkind.

Mein Schwager

Eine Person, die in meinem Leben ebenfalls als wichtig zu bezeichnen ist, ist mein Schwager, der Mann meiner Schwester. Nachdem meine Schwester ihre Jugend ausgiebig genossen hatte, hat sie sich endlich mal für jemanden entschieden. Ich holte beim ersten Antrittsbesuch bei uns zu Hause meinen zukünftigen Schwager vom Bahnhof ab, er hatte noch einen Arbeitskollegen bei sich. Mein Schwager und meine Schwester lernten sich auf ihrem gemeinsamen Arbeitsplatz kennen. Das Dorf zerriss sich die Mäuler über die

Beiden, man gab ihnen überhaupt keine Chance... Meine Schwester ist acht Jahre älter als mein Schwager. Den ersten Tag, mit uns als Familie und den Arbeitskollegen, meine Schwester hatte noch mehr eingeladen, feierten wir alle sehr ausgelassen, sogar meine Oma (mütterlicherseits) begoss den neuen Weinheber und es wurden mehrere Runden getanzt.

Mit meinem Schwager habe ich sehr viel Zeit damit zugebracht, irgendwelche handwerklichen Arbeiten in Eigenarbeit auszuführen. Wir beide hatten immer den nötigen Schwung drauf und verstanden uns dabei prima. Bei den anfallenden Familienbauarbeiten helfen wir uns gegenseitig. Uns fallen dabei auch immer die richtigen Gaudies ein, damit wir nebenbei noch viel lachen. Meiner Familie gegenüber verhält er sich sehr großzügig und hilft in jeder Form mit.
Ich kann zu ihm kommen, wenn ich ihn brauche.
Er zählt zu dem inneren Kreis der Familie. Emotional ist er einer der wenigen, der meine Krankheit akzeptierte. Daher kann ich behaupten, dass er einen Großteil meines Lebens mit begleitete und gestaltete.

Wenn ich mir unseren eigentlichen inneren Kreis der Familie anschaue, so verbleiben nur noch meine Frau, meine Kinder, meine Schwester und mein Schwager. Wobei ich mit meiner Schwester und meinem Schwager bisher die längste, gemeinsame Zeit verbracht habe. Das psychische Leid tragen derzeit noch meine Frau, mein Sohn, meine Schwester und ich, aber leiden tun alle... Meine Schwester und mein Schwager haben mich begleitet, in meiner schweren Zeit, als ich meine Frau noch nicht kannte... aber oft war ich auch alleineund das war bisher meine schwerste Zeit. Immer, wenn es um meine Medikamente ging, hatte ich ein schlechtes Gewissen. Irgendwie bildete ich mir ein, dass dies ein Zeichen von Schwäche sei.

Aber in all den Jahren, gab es zu jeder sich bietenden Möglichkeit auch Alkohol... Ob auf Partys, Veranstaltungen oder auf der Arbeit, in der Freizeit, die ganze Welt hatte ein Problem mit Alkohol... Ich möchte nicht wissen, wie viel Alkohol im Laufe der Jahre zusammengekommen

ist. Das ist aber auch irgendwie ein Wohlstands-
problem.

Unsere Nachbarn

Als wir in unser jetziges Haus zogen, wurde ich
gerade geboren und kann die nachfolgenden Abschnitte nur vom "Hörensagen" weiter erzählen.

Wir wurden nicht gerade freundlich begrüßt, das
bekam meine Schwester zu spüren und zwar in
richtig gemeiner Weise. Ihr wurde suggeriert,
dass sie ohnehin keinen Freund abbekommen
würde. Diejenige, die das behauptete, hatte keinen Freund und war etwas pummeliger.
Bei meiner Schwester kann ich mich nicht erinnern, dass auch nur eine Woche verging, ohne
dass irgend ein Liebesbrief oder der heimliche
Besuch eines Verehrers erschien. Es waren viele
kleine Gehässigkeiten in Form vom heutigen
"Mobbing" an der Tagesordnung. Der "blanke
Neid" über die Intelligenz und die natürliche
Schönheit meiner Schwester, ließ einige unserer
Nachbarstöchter zu bösartigen Hyänen werden.

In unserem Ort besuchten nur wenige eine höhere Schule, die Qualifikation dazu bekamen die anderen durch sogenannte "Liebesdienste." Meine Schwester musste sich alles hart erkämpfen. Im Gegensatz zu den anderen Nachbarstöchtern, heiratete meiner Schwester sehr spät. Dies veranlasste die anderen dazu, meine Schwester auf gehässige Weise daran zu erinnern. Meine Schwester entgegnete auf ihre Art, dass sie sich noch nicht so früh binden möchte und den "Richtigen" noch nicht gefunden hätte. Eines aber weiß ich sicher und kann mich auch gut daran erinnern: Keine der Frauen, bis auf ihre Freundin, hat ihre Jugend so ausgiebig genossen wie meine Schwester.

Meiner Mutter gegenüber zickten die Nachbarsfrauen mit kleinen Gehässigkeiten. Über meinen Vater erzählten sie meiner Mutter, warum er nicht bei den Soldaten geblieben wäre, als Oberfeldwebel würde er mehr verdienen als Maler. Dann platzte meinem Vater der Kragen und er verkündete auf einer öffentlichen Versammlung Folgendes:

Punkt 1: "Diejenigen Männer in der Bahnhofstrasse, die sich, zum Zeitpunkt der Einberufung und gleichzeitigen Abkommandierung an die Front verkrümelt haben, mögen bitte ihren Frauen erzählen, was ein Soldat im Krieg so alles anstellt."

Punkt 2: " Diejenigen Männer in der Bahnhofstrasse, die sich, zum Zeitpunkt der Einberufung und gleichzeitigen Abkommandierung an die Front verkrümelt haben, mögen bitte ihren Frauen erzählen, wie viele Menschen und Kriegsgefangene durch sie verraten und hingerichtet wurden."- Dies ist aktenkundig -

Betretendes Schweigen im Saale.....

Punkt 3: "Abschließend möchte ich allen sagen, wenn wir vorher gewusst hätten, wie ihr mit neuen Nachbarn umgeht, wären wir nicht hierher gezogen."

Der Respekt wurde größer, es gab sogar für meine Mutter eine Einladung, mit der gleichzeitigen Bitte, dem "Kaffeekränzchen" beizutreten.

Meine Eltern wollten nur die Anerkennung und den nötigen Respekt von den Nachbarn, den mussten sie sich förmlich erbetteln. Meine Mutter sagte einmal zu mir: " Siegfried, das Ganze mit den Nachbarn macht mich richtig krank."

Über die Jahre hinweg änderte sich das Verhältnis zu den Nachbarn, wurde positiver und wir feierten. und wir feierten und kommunizierten viel miteinander. Eines jedoch blieb bis zu dem heutigen Tage und besonders nach dem Tag, an dem meine Mutter gestorben war...
Es wurde wieder negativ über einen geredet, man hatte wirklich das Gefühl, die Nachbarn hätten Langeweile. Aber die Mobbingstruktur unse-

res Dorfes war bekannt. Wir wurden von Freunden aus benachbarten Dörfern angesprochen, die zu uns sagten, "das ist aber nichts Neues, dass eure Nachbarn so sind." "Viel schlimmer ist es aber, dass sie untereinander auch noch eine Cliquenwirtschaft bilden und sich gegenseitig fertigmachen."

Wenn man vom Menschen, als Freund oder Nachbar, nur eine normal harmonische Erscheinung erwartet und wird absichtlich so untergebuttert, kann das auf Dauer nervlich sehr belastend sein.

Kindsein

Als Kleinkind genoss ich die Unbeschwertheit und klammerte mich an den Rockzipfel meiner Mutter. Mit viel Phantasie ausgestattet, bereitete ich die Spielbühne. Ein Karton mit Legosteinen war die Grundausstattung für den Bau von Häusern, Burgen, Flugzeugen und vielem mehr. Schon als Kleinkind hatte ich eine besondere Neigung zu Baufahrzeugen. Ich fuhr hinter einem LKW, einem Tieflader mit Bagger, bis zur Baustelle und interessierte mich wahnsinnig für den Baubetrieb.

Damit ich den Arbeitsalltag auf der Baustelle zusammen mit den Arbeitern genießen konnte, nahm man mich in einem LKW mit (das war das Größte!!!) und meine Mutter stattete mich mit "Stullen", in einer kleinen Blechdose eingepackt, aus. Die nahm ich mit auf mein Fahrrad, klopfte an den Bauwagen und fragte auf Niederdeutsch "Darf ich mit frühstücken?". Ich war ein gern gesehener Gast, da ich die niederdeutsche Sprache beherrschte.

Dazu ein weiteres Beispiel: Meine Mutter nahm mich oft mit zum Kaufmann. Hier fragte man mich, ob ich mich nicht ein wenig auf Niederdeutsch unterhalten möchte. Zunächst einmal reagierte ich störrisch, dann aber setzte meine Mutter mich auf den Tresen und von allen Seiten winkte man mit Lutschern, Lakritze und Bonbons. Ich gab freundlich Antwort auf Niederdeutsch und hatte die Brusttasche voll mit Süßigkeiten. In meiner Sandkiste sah es aus wie auf einer Großbaustelle. Mehrere Stunden genoss ich das phantasievolle Spiel. Gedankenverloren, die Vorstellung, mit schweren Maschinen allen irdischen Problemen aus dem Weg zu gehen.

Mit 6 wurde ich eingeschult und ehrlich gesagt wartete ich nur darauf, dass die Pausenglocke läutete. Irgendwie merkte ich, dass etwas Schönes vorbei war. Von den Leistungen her, war ich im Klassenspiegel im unteren Drittel anzusehen. Wenn meine Mutter mich fragte, wie es in der Schule war, antwortete ich kaum und zog mich in mein Schneckenhaus zurück.
Ich spielte zwar noch nachmittags in der Sandkiste, doch irgendwie machte das alles keinen

richtigen Spaß mehr. Dann kam ein neuer Lebensabschnitt, ich lernte 4 neue Freunde kennen. Wir spielten viel miteinander, feierten Geburtstag zusammen und waren glücklich.

Mein Vater hatte ungefähr 15 Bienenvölker und die standen hinten im Garten. Zwei der Freunde waren immer neugierig und hatten dabei die Idee die Bienen zu ärgern, indem sie mit dem Stock auf die Körbe schlugen.

Ich sagten ihnen "Das geht nicht gut, die lassen sich nicht ärgern", aber die beiden ließen nicht locker und machten weiter.... Der eine von den beiden, war so übermütig, dass er, nachdem er mit dem Stock zuschlug, meinte "Da passiert doch gar nichts" und sich mit dem Rücken auf die Zuckertröge vor den Völkern legte... Das Bild werde ich in meinem Leben nicht wieder vergessen:
Die Bienen kamen wie Torpedos aus den Körben geschossen und griffen die beiden an, dabei stachen sie zu, im Gesicht, auf dem Kopf... Meine Freunde schrien laut auf und rannten, was das Zeug hielt. Meine Mutter hatte das Ereignis mitbekommen, die Kühlsalbe schon in der

Hand...und nun passierte etwas Seltsames: Sie hatte auch einen Teller mit Butterkuchen dabei, bot den Jungs davon an und... auf einmal war alles ruhig!!!!!

Immer wenn es Zeugnisse gab, stand ich vor verwunderten Eltern, ich hatte das Gefühl sie trauten mir nicht mehr. Ich musste nachmittags viel lernen und hatte wenig Zeit zum Spielen. Irgendwie hatte ich das Gefühl, schon damals minderwertig und unverstanden zu sein. Nach Aussage von den Lehrern, galt ich als äußerst zurückhaltend und schwer zu begeistern. Meine Mutter teilte mir mit, dass es Sterne in ein Heft gäbe, wenn man besonders gut war. Ich teilte meiner Mutter mit, dass ich mir nichts aus Sternen machen würde. Erst Jahre später fragte man mich, ob ich schwer hören würde? Oft antwortete ich nur mit "Hä". Der eingeschaltete HNO-Arzt stellte eine Wucherung der Polypen fest.
Vor 50 Jahren wurde ich auf einen HNO-Stuhl gesetzt, der Arzt hielt einen kleinen Blasebalg in der Hand, drückte mir den Sauerstoff durch die Nase, dabei gab er die Order "Schlucken", es entstand ein unangenehmer Unterdruck.

Dieses Prozedere erfolgte über einen Zeitraum von ca. 3 Jahren. Das Geräusch habe ich heute noch in den Ohren.

Nachdem sich kein Erfolg herausstellte, wurde über eine Entfernung der Wucherung der Polypen (per OP) entschieden. Die OP damals wurde wie folgt durchgeführt: Ich bekam ein Tuch vor den Mund und den Hinweis rückwärts zu zählen, dabei hielt ich eine Nierenschale in der Hand. Als ich wieder aufwachte, sagte der Arzt zu mir "Siegfried du warst sehr tapfer, hier sind die Übeltäter." Dabei hielt er die blutverschmierte Nierenschale in der Hand und zeigte sie mir.
Schmerzen hatte ich keine, als ich aber das Blut sah, überkam es mich und ich fing an zu weinen. Meine Schwester holte mich ab und ich beruhigte mich erst wieder, als ich das versprochene Eis bekam.

Die schulischen Leistungen verbesserten sich rasch, doch es wurde sehr schwer das verlorengegangene Prestige bei den Lehrern zurückzugewinnen.

Als ich nachmittags aus der Schule kam, fuhr ich mit meinem Fahrrad nach Hause. Unterwegs wurde ich von einem älteren Jungen angehalten. Dann fragte er mich, ob ich wüsste wer er sei. "Nein" sagte ich. Daraufhin sagte er zu mir, "Damit du nie vergisst, wer ich bin", riss meinen Schulranzen vom Rücken und schlug mich zusammen.

Diesen Vorfall erzählte ich nicht gleich zu Hause, ich wurde noch mehrere Male zusammengeschlagen. Auf Nachfrage sagte ich, ich könne nicht mit dem Fahrrad umgehen. Mein Vater glaubte mir nicht und sagte, dass er den nächsten Tag aufpassen wolle. Der nächste Tag kam, der Junge hielt mich an und lachte diese Mal, ich begreife bis heute nicht, was in mir vorging....... (Ich war körperlich und sportlich gut drauf)
Dann gingen bei mir alle Sicherungen durch und ich schlug mit beiden Fäusten auf den Jungen ein. Der Junge lief blutverschmiert, weinend und wütend in sein Elternhaus. Ich wurde nie wieder belästigt und habe mich seit diesem Tag nicht mehr geprügelt.

Erwähnenswert ist auch folgende Geschichte:
Zu den Geburtstagen feierten wir zu fünft. Ein paar Tage vor dem 8. Geburtstag von meinem Freund "Rolli" fiel uns ein, dass wir einen Schatz vergraben könnten und an seinem Geburtstag mussten die anderen ihn finden. Beim Buddeln hatte ich einen scharfen Spaten und "Rolli" buddelte mit der Hand. Irgendwann war ich unkonzentriert und stach mit dem Spaten in seine Finger. Das Geschrei war groß, "Rolli" lief nach Hause. Ich hatte anschließend von meiner Mutter den Auftrag bekommen, nach "Rolli" zu schauen. Bei ihm angekommen, stand seine ältere Schwester mit vor der Tür. Ich fragte ihn, wie schlimm es geworden sei. Daraufhin beide im Kanon "Lass dich hier bloß nicht mehr sehen, zum Geburtstag bist du nicht eingeladen."
Wir haben oft über diese Geschichte geschmunzelt.
Jedenfalls mussten wir beide uns wieder vertragen! (das ist heute aus der Mode) --- Was die Freundschaft anging, gab es klare Ansagen und keine Hinterhalte.

Wir hatten zu Hause 3 Apfelbäume und alle Bäume trugen im Sommer herrliches Obst.

Die Äpfel waren reif und es stand die Ernte an. Ich half meinem Vater beim Pflücken und ich erinnere mich, dass wir in Glanzzeiten 6-7 Zentner ernteten. Anschließend wurde eingekellert, gemostet oder Apfelmus zubereitet. Hier standen nun die gepflückten Äpfel in großen Holzkisten. Nachdem wir und meine Freunde uns satt gegessen hatten, kam einer der größeren Jungs auf die Idee, da wir doch so viele Äpfel hatten, eine Apfelschlacht zu veranstalten.

Es sah richtig sch... aus. Als mein Vater von der Arbeit kam, musste ich sofort reinkommen und kassierte einen Hintern voll.

Ich hatte als Kleinkind nie eine eigene Meinung und hatte mich auch in diesem Fall von dem älteren Jungen bequatschen lassen.

Ebenfalls zu dieser Zeit, bekam ich eine Schubkarre geschenkt. Hier kam ebenfalls wieder das

Bauklischee zum Tragen. Ich packte mir die Karre so voll, dass ich sie gerade noch schieben konnte. Pulsierend stieg mir dabei das Blut in den Kopf. Meine Mutter konnte das nicht mit ansehen und nahm mir einen Mauerstein von der Karre runter. Ich war so wütend, dass ich nur noch schnaubte. Da wir keinen Sand mehr auf dem Hof hatten, beschloss ich mehrere kleine Sandkuhlen auf der Einfahrt zu buddeln. Mein Vater kam abends von der Arbeit, ich musste reinkommen und den Hintern hinhalten.

Es wurden die Kinder zu dieser Zeit noch häufig geschlagen, bei mir in meiner Jugendzeit 2 mal.

Es begann die schönste Zeit in meinem Leben: (12. - 14. Lebensjahr). Mit Spaten, Pickhacke und Axt (Proviant: Schwarzbrot und Karotten) ging es in den Wald.
Dann suchten wir nach einer geeigneten Stelle und fingen an zu graben. Ein Loch ca.: 2m x 3m, 1m tief. Wir sägten ca. 1,50m lange Tannenzweige ab und suchten große Äste als Querhölzer, abschließend deckten wir das Loch zu einer großen Höhle ab.

Als die Höhle fertig war, erfolgte der Gaumenschmaus mit Schwarzbrot und Karotten. Dann wurden 2 Banden gewählt jeweils mit den Anführern Winnetou und Old Shatterhand. Als Indianerkopfschmuck wurden Hühner-oder Vogelfedern gefärbt und auf ein Stretchband gezogen. Die Gewehre wurden auf eine Holzplatte aufgezeichnet und ausgeschnitten. So spielten wir, bis es dunkel wurde.

Dann entstand das Suchtphänomen Fernsehen. Von nun an gab es die Kindheitskreativitätsstube kaum noch. Wie weggeblasen waren die kindlichen Phantasien in Verbindung mit "Mark Twain" oder ähnlichen Autoren. Ich habe es nie verstanden wie Pädagogen, Ärzte und Wissenschaftler sich diese elementar wichtige Phase für das Kind ausblenden ließen.
Alle waren sich einig: Fernsehen und Computer sind unerlässlich. Wenn ich als Bauingenieur mir die heutige Architektur anschaue, so fehlt mir bei den baulichen Planungen die Bodenständigkeit, die natürliche Kreativität und der Taten-

drang der Bürgerinnen und Bürger, die sich, meiner Meinung nach, viel mehr einbringen sollten und dafür auch die Möglichkeit, seitens der Politik, haben sollten. Heute stehen 1000 Jahre alte Kirchen und Backsteingebäude neben futuristischen Neubauten. Das hat nichts mit einer dauerhaften soliden Planung zu tun. Wie in vielen anderen Bereichen, ist die Politik auch hier käuflich. Letzteres ist meine persönliche Meinung.

Eine meiner Lieblingsjahreszeiten ist die Winterzeit:
Es waren die 60-er und 70-er Jahre. Bei Temperaturen um den Gefrierpunkt setzte Schneefall ein und zusätzlicher Sturm. In unserem Dorf, wo wir wohnten, war die Besiedlungsdichte noch nicht so hoch, so dass der Schnee zwischen den Häusern auf die Straße wehte.
Die Schneewehen, die so entstanden, waren über einen Meter hoch. Da wir in der Nähe des Bahnhofes wohnten, hörten wir quasi jeden Zug kommen.

Zu dieser Zeit gab es noch die gute, alte Dampflokomotive. Ich schlief genau an der Seite des Hauses, wo der Zug vorbeifuhr. Die Lokomotive schnaubte in dem hohen Schnee heran und blieb stecken. Es war der erste Morgenzug so gegen 5.00 Uhr. Eine Stunde passierte gar nichts, der Zug stand genau auf dem Bahnübergang und die Bundesbahn hatte beschlossen, eine zweite Lok, zum Freiräumen des Zuges, einzusetzen. Ich höre das Heranschnauben der Lok und das Durchdrehen der Räder heute noch. Am nächsten Morgen war alles weiß.

Da wir keine Verbindung zur Schule hatten, machten wir uns auf den Weg durch eine herrliche Winterlandschaft, sackten dabei sofort in den Schnee ein und zogen uns gegenseitig wi der heraus. Das war sehr anstrengend. Als wir in der Schule ankamen, war der Bollerofen (riesiger Ofen, beheizte
bis 50 m²) unter Feuer und wir zogen unsere Socken aus und hängten sie auf eine Leine über dem Ofen zum Trocknen auf. Da wir nun schon mal da waren, brachten wir uns auch gleich in Stimmung. Der Lehrer ging zum Klavier und stimmte

mit uns Weihnachtslieder an. Zum Vorlesen hatten wir ein richtig dickes Buch. Einige der Geschichten waren auf Niederdeutsch, zwar geeignet für mich, aber es war doch teilweise sehr schwierig, das Geschriebene ins gesprochene Wort zu übersetzen.

Grausame Ereignisse in meiner Kindheit...

Es war der Winter 1967/68.. Mein Vater war auf dem Weg zu einer Gemeinderatssitzung und beobachtete direkt auf der Straße einen grausamen Unfall. Folgendes hatte sich dabei zugetragen: Gegen Ende der 60er Jahre hatte ein Werftarbeiter noch Überstunden verrichten müssen und dabei jede Menge Alkohol zu sich genommen.
Zum Feierabend musste er mit seinem PKW von Bremerhaven nach Wehdel fahren, um seinen Heimatort zu erreichen. Auf dem Weg dorthin kam er durch die Ortschaft Sellstedt. Zu dieser Zeit war die Straßenbeleuchtung noch sehr unzureichend, die Straßen teilweise ohne Bürgersteig. Es waren aber auch erheblich weniger Autos auf

den Straßen. Zusätzlich lag alles noch tief im Schnee und es hatte gefroren.

Zeitgleich machte eine Gruppe Reisender sich auf den Weg von Bremerhaven Hauptbahnhof nach Sellstedt, um dort vom Bahnhof bis zur Kneipe "Richtung Wehdel" eine Grünkohltour zu veranstalten. Wenn jemand so eine Veranstaltung schon mal besucht hat, dann weiß derjenige, dass es hier sehr "feucht" zugeht. Das, was ich nun folgend schreibe, habe ich direkt von meinem Vater und Nachbarn erfahren... Beim Aussteigen aus dem Zug, sollen einige der Reisenden schon angetrunken gewesen sein und auf dem Weg zur Hauptstraße war die Gruppe, laut Zeugenaussagen, unzureichend beleuchtet (damals waren die Warnwesten noch nicht so verbreitet.) Nun bog die Gruppe in die Hauptstraße ein, marschierte dabei überwiegend auf der Straßenaußenseite.

Der Werftarbeiter fuhr mit seinem PKW zur gleichen Zeit auf der Hauptstraße "Richtung Wehdel". Er bemerkte die Gruppe viel zu spät, raste mitten in sie hinein und einer der grausamsten Unfälle nahm seinen Lauf.

Mein Vater: "Als ich auf den Unfall zukam, hörte ich nur lautes Schreien, überall lagen Leichenteile herum, es sah aus wie auf einem Schlachtfeld, ich fühlte mich zurückversetzt in die Zeit als Soldat im Krieg." Da wir hier auf dem Dorf wohnten und das Jahr 1968 schrieben, hat es schon einige Zeit in Anspruch genommen, bis der erste Krankenwagen aus Bremerhaven kam. Der vorhin schon erwähnte Dorfarzt, war im vollen Einsatz und auch die benachbarten Ärzte wurden alarmiert. Am Tag danach, immer noch ein Bild des Grauens.Man gab sich die größte Mühe, doch so schnell konnte man vor dem Hintergrund der winterlichen Erscheinung nicht alle Spuren beseitigen. Es war totenstill... alle dachten an die Toten und deren Angehörige, einige auch an den Fahrer...

Alle Bürger im Ort waren für einen Moment traumatisiert, mit einem Mal war unser Ort in allen hiesigen Zeitungen, wir hätten uns nur gerne gewünscht, in einem anderen Zusammenhang. Als Kind lief mir jedes Mal ein Schauer über den Rücken, wenn sich im Dorf

ein Unfall mit Personenschaden ereignete. Ich war zwar sehr neugierig, doch sobald ich eine Person am Boden liegen sah, wurde mir schlecht vor Angst.

Zeitlich ereignete sich die nächste Episode in den gleichen Jahren...

Bei uns im Dorf gab es eine sogenannte "Holzinteressengemeinschaft", jeder aus dem Ort konnte sich Bruchholz (Sturmschaden) aus dem Wald holen. Hierzu zeigte der Förster ein abgestecktes Stück Wald mit Bäumen an und die Bäume, die gefällt werden durften. Es durfte das Holz aus dem Wald geholt werden, aber im Gegenzug musste er beim Verlassen einen aufgeräumten Eindruck hinterlassen.

Es waren 4 Waldarbeiter in dem besagten Areal, machten Bäume klein, spalteten den Stamm zu Zaunpfählen oder zersägten und zerkleinerten es zu Feuerholz. Gegen Mittag fuhren alle 4 ins Dorf nach Hause zum Mittagessen. Dabei mussten sie ein Bahngleis überqueren...

Beim Überqueren blieb ihr PKW mitten auf dem Bahngleis stehen. Über das was nun geschah, gibt es nur Vermutungen. Eine davon könnte sich so abgespielt haben: Immer wieder versuchten die 4 den PKW zum Laufen zu bringen, aber irgendwie funktionierte es nicht. Als der herannahende Zug aus der Entfernung, sich das erste Mal bemerkbar machte, bekamen die 4 Panik und wollten nur noch schnell aus dem Auto... Der PKW war 2-türig... Eine Tür klemmte und bei der anderen kam die erste Person ins Stolpern und die nächste musste erst die Rücksitzbank umklappen und dann... war alles zu spät!!!

Der Zug erfasste den PKW und die 4 Insassen wurden 400m - 500m durch die Luft geschleudert. Dabei kamen alle Insassen ums Leben.

Wir hatten keine Schule und ich konnte aus meinem Fenster erkennen, wie mehrere dunkle Teile weit geschleudert wurden. Dabei gab es zunächst ein lang anhaltendes, ohrenbetäubendes Quietschen und einen Knall. Ich wusste aber immer noch nicht, was genau passiert war...

Die Sirene ertönte und spätestens jetzt war ich wie elektrisiert. Eine Menschentraube hatte sich mittlerweile vor dem Bahnübergang gebildet, obwohl sich das Unglück an einem Werktag um die Mittagszeit ereignete. Und dann das gesamte Aufgebot: Krankenwagen, Leichenwagen, Polizei, Bahnpolizei und die ganzen Medien. Meine Schwester kam erst gegen Abend mit dem Zug, aber auch der hatte, aufgrund der vorgefallenen Ereignisse, erhebliche Verspätung. Zu Hause erzählte sie uns, dass alle im Zug sehr bedrückt und abwesend reagierten. Wieder hatte bei uns im Ort ein schreckliches Ereignis zu ungewollter Aufmerksamkeit geführt.

Am nächsten Tag erschienen die Zeitungen, voll von dem Unfall und dem Hinweis, dass die Ortschaft Sellstedt mittlerweile bei der Unfalltodesstatistik, hinter Frankfurt, an 2. Stelle läge.
Als ich am nächsten Morgen zum Bahnhof lief, schaute ich am Bahnübergang nach Spuren vom Unfall, aber man hatte sehr viel abgedeckt mit Sand und Spänen... mir lief es kalt über den Rücken. Beim Besteigen des Zuges, achteten wir auf Spuren an der Vorderfront, um zu wissen, ob dies vielleicht der Zug des Unglücks war. Selbst bei

meinen Klassenkameraden in Bremerhaven bestand hoher Gesprächsbedarf über den Unfall.

Obwohl ich nicht selber unmittelbar betroffen war, bekam ich die Bilder nicht mehr aus meinem Gedächtnis. Das Ganze hatte sich tief in mein Gemütsleben eingenistet.Ich brauchte nur in die Nähe des Bahnüberganges zu gelangen, so bekam ich eine panische Angst.

Einen Bahnunfall mit glimpflichem Ausgang gab es ein paar Jahre später:

Ein LKW mit lebenden Hühnern kollidierte mit einem Zug, glücklicherweise touchierte der Zug dabei nur den LKW. Der Fahrer gab nachher an, dass er von der Sonne geblendet wurde,
somit konnte er das blinkende Rotlicht nicht erkennen. Als Kinder gingen wir auf den LKW zu, der total demoliert war. Dann sahen wir die Hühner, die wie wild durch die Gegend liefen, sie waren bei dem Unfall aus dem Kastenaufbau des LKWs geschleudert worden. Kurzerhand beschlossen wir zu helfen und fingen die Hühner mit

ein. Der LKW-Fahrer kam mit leichten Verletzungen und dem Schock davon.

Aber irgendwie wurde man durch diesen Unfall an das grausame Ereignis erinnert und das Dorf war wieder wie elektrisiert. Der Bahnübergang war unbeschrankt. Zu diesem Zeitpunkt gab es in Deutschland genügend beschrankte Bahnübergänge, wieso hatte man sich nach den Unfällen nicht auch hier dafür entschieden???

Mittlerweile hatte ich die Grundschule verlassen und meine Eltern entschieden sich dafür, mich auf die Realschule zu schicken, vom Dorf in die Stadt Bremerhaven. Hier gab es weder Prügelstrafen noch Kollektivstrafen, das war absolut neu und man verspürte sofort die neue, angestrebte soziale und pädagogische Richtung. Auch diejenigen, die aus sozial schwächeren Familien stammten, hatten Chancen auf eine berufliche Karriere. Ich hatte das erste Mal das Gefühl, dass die Mädchen in unserer Klasse in puncto Mode und Kommunikation viel lockerer drauf waren. Der Unterricht wurde nicht wie auf dem Lande diktatorisch, sondern kreativ und allgemeinverständlich vermittelt. Man darf natürlich eines hierbei nicht vergessen: Die Pubertät trat bei dem ein oder anderen schon ein. Dies war auch für die Pädagogen sehr beanspruchend.

Bei den Mädchen interessierte ich mich für eines besonders. Ich umwarb sie mit natürlichen, poetischen Ausdrücken und beichtete ihr, dass ich noch "Jungfrau" war. Da war ich zu ehrlich und bekam einen "Korb".Alle, die es gut mit mir meinten, sagten mir es sei nicht die Richtige gewesen - die würde schon noch kommen. Es entstand bei mir ein allgemein lang andauerndes Verständnisproblem.

Erst als ganz unerwartet ein Mädchen auf mich zukam und mir ihr Herz ausschüttete, war der Bann gebrochen. Sie hatte von mir und meiner ersten Anbahnung gehört und mir vermittelt, dass ich keine Angst haben brauchte beim "Ersten Mal".

Mit sehr viel Einfühlungsvermögen von ihrer Seite, gelang es uns, etwas Unvergessliches zu erleben. Die moderne Erziehung in der Schule, die einfühlsame Freundin - ich war der glücklichste Mensch, den man sich vorstellen konnte. Zu erwähnen ist sicherlich auch der Deutschlehrer: Ihn ereilte im 2. Weltkrieg ein Schicksal. Durch einen Granatsplitter wurde eine Gesichtshälfte entstellt. Dies hinderte ihn aber nicht daran, ein sehr moderner, fortschrittlicher, verständnisvoller Lehrer zu sein. Zu mir sagte er vor der vollen Klasse "Siegfried, hör endlich auf die Mädchen zu ärgern und gib dich endlich so wie du bist." Ich errötete daraufhin und hatte keine Antwort parat. Er war so eine Art "Ersatzvater", mit ihm konnte man auch private Probleme sehr gut besprechen.

Während dieser Zeit lernte ich einen Freund kennen, einen richtigen Freund, auf den man sich hundertprozentig verlassen konnte. Er lernte Tischler und war handwerklich sehr begabt, äußerlich wirkte er einmalig ruhig und ausgeglichen. Wir waren im Alter von 15/16 Jahre und wollten die Welt aus den Angeln heben. Überall wurden Feten gefeiert und in den benachbarten größeren Orten gab es Diskotheken und Livemusik. Da wir nicht motorisiert waren, waren wir auf öffentliche Verkehrsmittel oder anderes angewiesen. Dann kam uns beiden eine Idee: Wir hatten einen Plan, um unsere eigene Diskothek zu verwirklichen. Dazu brauchten wir einen Raum und ein Team (das sich gegenseitig vertraute) Nach längerem Befragen, war einer der Freunde bereit, seine Eltern zu fragen, ob wir einen ausgedienten Heuschober benutzen durften.

Zu unser aller Erstaunen hatten wir am nächsten Tag bereits eine Zusage. Ein Tresen wurde gemauert, von einem Freund der Maurer lernte, mein Freund erledigte alle Holzarbeiten, mein Vater war Maler und spendierte uns die Farben, wir alle kreierten die Räume und malerten. Die Mädchen besorgten sich Stoffe und nähten Vorhänge, Gardinen und gestalteten mit Feinsensorik das übrige Dekor. Das Hauptaugenmerk aber war unser Eingangsschild, es entsprach dem Original der TV-Serie "High Chapparal". Wir feierten Feten bis in die Morgenstunden, waren überglücklich und es gab nur eine "Hauerei" und auch die wurde schnell beschwichtigt. Die Harmonie zwischen uns allen war einmalig, es wurden Freundschaften geschlossen, es wurden Liebschaften geschlossen, sie alle halten noch größtenteils an. Wenn es Probleme gab, war jeder für den anderen da... So konnte das Leben weitergehen.

Ob es die Zeit der Pubertät war, alles war aufregend, interessant und wenn ich es mit heute vergleiche, so war auch eine Freundschaft sehr viel mehr wert. So wurde um einen Freund oder eine Freundin intensiver gekämpft um die Freundschaft zu erhalten, die Bedeutung darüber hatte einen viel höheren Stellenwert.

Ich erinnere aber noch einmal an meinen Freund, der für alles und für jeden da war... irgendwie waren wir alle liiert, nur mein Freund schien sich nicht viel aus Mädchen zu machen).
Auf die Frage von mir, 'wie findest du denn die oder die', kam zumindest ein "auch ganz nett". Aber dabei blieb es dann auch... Spätestens hier kam mir der Gedanke, er könnte dem anderen Geschlecht zugeneigt sein, das war aber nicht

so.... Irgendwie tat er mir leid, ich wollte ihm aber auch nicht zu nahe treten.

Im Gegensatz zu heute, wurde weniger über ein Problem diskutiert, sondern jeder hatte ein emotionales Interesse daran, dass alle zusammen ein Werk gemeinschaftlich errichten. Das Materialangebot war noch nicht so groß, so dass jede Menge Kreativität erforderlich war.

Zu dieser Zeit war die "Kennenlernphase" zwischen Mädchen und Jungen eines der aufregendsten, spannendsten und emotionsgeladensten Dinge überhaupt. Wir beschnupperten uns, indem wir das erste Mal knutschten und die natürlichen Reize des anderen sinnlich wahrnahmen. Bis zum eigentlichen ersten gemeinsamen Beischlaf dauerte es mitunter schon Wochen. Dabei hörten wir Musik (aus der Erinnerung: It's a beautiful day, Doors, Leonard Cohen, Procol Harum, o.Ä.) und es wurde auch Alkohol wie Wein, Bier oder Mixgetränke getrunken.

Ein paar Jahre später probierte ich auch eine Droge aus, hatte aber in diesem Zusammenhang sehr viel Angst, so dass es eine einmalige Sache blieb. Meine Eltern waren in dieser Phase der Erziehung sehr moderat und ich hatte bei allen Problemen, vornehmlich bei meiner Mutter, immer ein offenes Ohr.

Die heutige Zeit ist mir im Hinblick auf das "Erste Mal" viel zu unromantisch. Gerade im TV sieht man oft, wie 2 Menschen, die sich gerade kennengelernt haben, nach 5 Minuten in die "Kiste" springen. Dieses hat meiner Meinung nicht lange Bestand. Bestätigt wird meine Aussage durch die stetig ansteigenden Scheidungsrate.

Aber wo soll sich die Menschheit bei diesem unromantischen Medienwahnsinn noch Zweisamkeit im Verborgenen vorstellen? Im TV gibt es bei neuzeitlichen romantischen Filmen (besonders bei solchen aus den USA) bei den Frauen (ob jung oder alt) kaum noch natürliche Wesenszüge. Die meisten Teenies sind schon mit Botox aufgepumpt, die Zähne edelweiß gebleacht und ein ganzer Tuschkasten soll das natürlich vorhandene jugendliche Gesicht fremdenfeminin verdecken. Kreativität gibt es hier nur bei der unnatürlich gebildeten Maskenbildnerin. Längere Textpassagen muss eh keine der Schauspielerinnen mehr auswendig lernen und die Worte "Aura" und "Charisma" kennen einige nur aus dem Fremdwörterlexikon. Sollte man, gezwungener weise, längere Zeit im Bett verbringen müssen, beispielsweise durch Krankheit und kommt dabei auf die Idee sich im TV einen unbeschwerten Film anzusehen, so kommt man bei 'Made in USA' einen Science-Fiction Film, einen Horror Film, einen Mystery Film oder einen fast pornographischen Film serviert und hierbei spielt die I. Wahl der Schauspieler-und Schauspielerinnen der USA kräftig mit. Von der Fantasie und Kreativität begegnet man den Frauen immer beruflich in den obersten Positionen. Sie benötigen keine Hilfe, sind rhetorisch den Männern weit überlegen, wissen alles, fahren jedem über den Schnabel und entstammen alle aus dem Katalog. Warum begegnet man diesen Frauen nicht im richtigen Leben? Kann es sein, dass es nur ein frommes Wunschdenken dieser kreativen Autoren bleibt? Im Land der unbegrenzten Möglichkeiten, gibt es Senatoren, die auch Schauspieler sind...... Jetzt verstehe ich auch welcher Maßstab hier für Oscars, in Zusammenhang mit Stars wie Clooney, Grant, Pitt, Bullock, usw., gesetzt wird.... Wenn einem nichts mehr einfällt, dann greift man zurück auf Science-Fiction, Mystery, Horrorfilme und abgelederten Sex... Ich kann hier beim besten Willen nicht erkennen, dass irgendeiner der neuzeitlichen amerikanischen, hochgelobten Schauspieler oder Schauspielerinnen eine eigene Aura oder das Charisma schlechthin besitzt.

Im Übrigen bemerkt: So schlecht sind unsere europäischen Filme und deren Schauspieler gar nicht, man muss sich nur trauen auch mal einen nicht ganz so bekannten Kanal einzuschalten.

Ich habe mir den Spaß gemacht und ganz bewusst alle Kategorien dabei ausgewählt an US-Spielfilmen: Von 10 Filmen hatten 3 einen Realitätsbezug mit sachlichem Inhalt und waren durchaus spannend, 2 waren mit Oscars nominiert (???), 4 hatten einen allgemeinen bis gar keinen Unterhaltungswert und 1 Film war so schlecht, das mir übel wurde. In einem der Filme, die als Liebesfilme angekündigt wurden, sprach Sandra Bullock so schnell und laut, dass man das Gefühl hatte sie nähme an einem Schnellsprechwettbewerb teil und damit sie mehr Aufmerksamkeit bekommt wurde ihre Stimme lauter gedreht und mit einer Heliummasse manipuliert.. Man kann mir bei dieser Kritik bestimmt nicht vorwerfen, dass ich nicht progressiv bin, das war ich vor 45 Jahren schon mit langen Haaren bis auf die Schulter, progressiver lauter Musik und revolutionären Gedanken.

Aber wenn das, was einem über den kulturellen Zweig (Film) begegnet, zukunftsorientiert sein soll, dann frage ich mich: Wo bleiben hier die Wissenschaftler, die Psychoanalytiker und der "Rat der Sieben Weisen." Liebe Leserinnen und Leser, ich muss an dieser Stelle sagen, dass die vorangegangenen Passagen ein subjektives Empfinden meinerseits sind und ich vielleicht bei aller Selbstkritik, auch Probleme habe, die neuzeitlichen Filme zu verstehen... Nur ganz ehrlich: Ich habe noch niemanden (auch Fachleute) angetroffen, der mir zu diesem Thema etwas hätte sagen können. Warum ich hier so lange verharre? Wenn ich das Umfeld der heutigen Jugend (damit mein ich alle) betrachte, so fällt mir im direkten Vergleich zu meiner Jugend ein: Eine eigene Meinung zu haben, bedeutet aber auch sich eine eigene Meinung zu bilden - Hierbei sehe ich ganz oft, wie unkreativ und unbeholfen einige der Pädagogen reagieren. (Man muss schon der Jugend in frühen Jahren zeigen, wie man mit einfachen Mitteln sinnvoll die Langeweile vertreiben kann, die Zeitung wieder attraktiv machen zum Lesen, wie kommuniziere ich von Mensch zu Mensch ohne Handy? Wie lerne ich mit allen Menschen zu harmonieren (auch Ausländer), was bedeutet Liebe eigentlich wirklich? Wann lernen wir es, wieder aufeinander zuzugehen und nach links und rechts zu schauen?

Was ist eigentlich wirklich wichtig im Leben? ...... Ohne dem komme ich nicht aus...

Wo gibt es Hilfe, wenn ich wirklich nicht mehr weiter weiß?)

(Aber bitte auch so, dass hier nicht nur eine Telefonansage gemacht wird)

Es stand nun eines der schwierigsten Themen in meinem Leben aus der Erinnerung heraus, an: Die Berufswahl. Mein Vater rief die Inkarnation der Berufssuchenden zu diesem Thema an und vermittelte mir den Eindruck, dass meine Entscheidung zu diesem Thema schon lange überfällig gewesen wäre.

Locker drauf entgegnete ich ihm ein leichtes Achselzucken. In diesem Moment stellte ich mir vor, dass bedingt durch seinen durchdringenden Blick, er das "Weiße" in den Augen bei mir suchte wie bei dem russischen Soldaten, dem er im Nahkampf begegnet war. Er wünschte mir viel Spaß bei meinem "Lotterleben". Nachdem meine Schwester mir nochmals ganz eindringlich klar machte, wie wichtig es für meinen Vater, aber vor allem für mich, war, mir endlich Gedanken zu dem Thema zu machen, erwachte ich aus dem Tiefschlaf. Ich teilte allen mit, dass es irgendetwas mit dem Thema Baumaschinen und Baubetrieb zu tun haben sollte. Meine Eltern waren der Meinung, dass ich nicht die nötige Initiative ergriff und suchten einen Bauingenieur auf, der Bauingenieurwesen studiert hatte und fragten ihm Löcher in den Bauch. Erneut hatte ich das Gefühl "Jetzt wird das ganze Leben wieder ein bisschen ernster". Ich besuchte die Fachoberschule in Bremen mit dem Abschluss "Fachabitur" als Voraussetzung für das anschließende Studium. Über die 2 Jahre gibt es nicht viel zu berichten, außer, dass die Stadt Bremen im "Souterrainviertel" sehr schön war und ähnlich wie in Bremerhaven, gestaltete sich das Lernen sehr kreativ, sozial und modern.

Soldatsein

Dann kam eine Zeit, in der ich die ersten Vorboten meiner psychosomatischen Erkrankung kennenlernte: Ich erhielt den Musterungsbescheid und wurde abkommandiert zur Grundausbildung nach Goslar zur Flugabwehr.

Es gibt im Leben nichts Schlimmeres als "vorkopf-gesteuert", lustlos ohne Antrieb, wie ein Roboter durchs Leben zu gleiten. Während dieser Zeit lernte ich das Rauchen und Saufen und wie man mit Langeweile nicht umgehen sollte.

Das schwierigste Thema war das "Heimweh" für mich. Dieses kam einem Freiheitsentzug gleich. Deswegen galt ich unter meinen Kameraden auch als Weichei. In diesem Zusammenhang erinnerte ich mich an einen Klassenkameraden aus der Realschule: Der bereits genannte Deutschlehrer kam zum Schluss unserer Ausbildung zu folgendem Resümee: "In jeden von euch in der Klasse, gelang es mir hineinzugucken, aber bei einem habe ich es nicht geschafft." Genau derjenige wurde Berufssoldat.

Als Mensch und Freund erinnere ich mich an ihn als hinterlistigen Verräter. Sicherlich sind nicht alle Soldaten hinterlistig und verräterisch, aber bei ihm stand schon mit 16 fest, dass er Soldat werden wollte. Während meiner Grundausbildung, ließ ich bei einer 36 Stunden-Übung mein Gewehr (im Bundeswehrjargon "die Braut des Soldaten") im Waschraum stehen. Dies wurde disziplinarisch geahndet und ich bekam zur Strafe ein Wochen- ende Ausgehverbot. Bei einem Anruf zu Hause, telefonierte ich mit meiner Freundin und fing bitterlich an zu weinen.

Trotz aller emotionalen Entbehrungen, habe ich nie die Witze verstanden, über die gelacht wurde. Ich konnte mir auch nicht vorstellen, wie man mit dieser Truppe "das Vaterland" verteidigen sollte. (Aber ehrlich gesagt kam dieses Thema gedanklich nie wieder zum Vorschein.).
Ich konnte diesen 2 Jahren nichts Gutes abgewinnen und so ging ich fort als wäre nichts Aufregendes passiert.) 'Schade', habe ich gedacht, 'die Zeit hätte besser genutzt werden können für die Ausbildung zum Bauingenieur (Studium).' Nach der Grundausbildung wurde ich abkommandiert

nach Rodenkirchen (in der Nähe von Brake). Zumindest war man hier etwas näher an die Heimat gerückt. Der Schichtdienst hatte den Vorteil, dass man an einem Stück bis zu einer Woche frei. hatte Die Langeweile hielt an... Dann geschah jedoch etwas, über das ich heute noch lange nachdenke. Da wir atomare Waffen (Raketen) bei uns lagerten, musste, gemäß Vorschrift, der deutsche Soldat, hier in Rodenkirchen, von einem amerikanischen Soldaten begleitet werden. Das Ganze wurde "Two Man Rule" genannt. Wir freundeten uns mit den amerikanischen Soldaten an und verstrickten uns in sehr emotionale Gespräche. Mich zog es überwiegend zu einem "Leslie" hin, der genau wie ich sehr ruhig und in sich verschlossen war. Er hörte gar nicht auf zu lachen, wenn ich ihn mit meinem "handgestrickten" Englisch unterhalten wollte. Ich merkte an ihm, dass er zunächst nur sehr oberflächlich reagierte und eigentlich überhaupt nichts von sich erzählte.

Aber immer wenn ich mich auf den Weg zum Sektor "A" machte, kam er zu mir als meine Begleitung und er erzählte mir, dass er Fotos von seiner Familie dabei hätte, die er mir gerne zeigen wollte. Seine Frau war dunkelhäutig, seine Kinder ebenfalls... ich fragte ihn, ob es seine Kinder auf dem Foto waren, er lachte und bejahte die Frage. Dann beschrieb er mir den Ort, wo er wohnte und wie viele Meilen es ungefähr bis hier waren. Dann machte er eine lange gedankliche Pause und seufzte, wie gerne er jetzt dort wäre.Man merkte ihm an, dass er sich etwas von der Seele reden wollte. Wir beide saßen oft im Gras und philosophierten über bessere Zeiten, aber dann fiel uns ein, es war kein Krieg... Für den Abend verabredeten wir uns für einen Diskobesuch in Brake mit seinem Freund Mike und automatisch waren etliche deutsche und amerikanische Soldaten mit von der Partie. Zunächst machten wir uns alle gegenseitig bekannt und wir saßen an einem großen Tisch.Wir tranken Bier und Whisky, sangen gemeinsam Shantys und waren sehr vergnügt. Irgendwie war die Musik so toll, dass ich das Bedürfnis hatte zu tanzen. Ich hatte dabei schon ein Mädchen ganz fest im Visier, musterte es und war auf dem Wege zu ihr... In dem Moment schießt ein deutscher Kamerad mir quer über den Weg und macht mir klar, dass das sein Mädel ist... so ganz geglaubt habe ich es ihm nicht, denn sie guckte uns beide ganz verwundert an. Kurz darauf sprang Mike von den Amerikanern auf und packte den deutschen Kameraden am Kragen und wies mit der Hand zur Tür...

Der deutsche Kamerad fackelte nicht lange und schlug zu... Dann begann eine Massenschlägerei zwischen amerikanischen und deutschen Soldaten, was hier nebenbei zu Bruch ging war verheerend. Keine halbe Stunde später tauchten die Polizei, die amerikanischen und deutschen Feldjäger auf und als wenn sie es wüssten, griffen die amerikanischen Feldjäger sich zielstrebig die Streithähne aus ihren Reihen und die Deutschen machten es genauso. Ich musste anschließend eine Aussage auf beiden Seiten machen... Für mich war es relativ einfach, aber etliche Kameraden auf beiden Seiten erhielten "Bau" und ähnliche Strafen. Im Nachhinein erzählte Leslie mir, dass Mike und einige andere seiner Kameraden, im Vietnamkrieg mit beteiligt waren, teilweise traumatisiert, und psychisch nicht behandelt wurden.

Immer wenn der Alkohol floss, kam es zu vorgenannten Ereignissen. Teilweise waren auch schon
zu dieser Zeit Drogen mit im Spiel...

**Hier lag nun der eindeutige Beweis für mich vor:
Was hatte man aus diesen tollen Menschen im
Krieg gemacht? Familienväter mit einem steti-
gen Trauma, schlugen ihre Frauen, weil sie den
Weg zur Liebe nicht wieder fanden...
versanken im Alkohol und stimulierten sich mit
Drogen, weil sie der Wahrheit nicht mehr ins
Auge sehen konnten... entsagten ihrem Glau-
ben, weil sie ihrem Gott nicht mehr trauten und
ihm nicht mehr folgen wollten...**

Ca. 1 Monat später luden Leslie und seine Kameraden mich zu ihrem Nationalfeiertag ein, da wir
ausnahmsweise alle in Zivil gekleidet waren,
kannten wir gegenseitig nicht unseren Rang. Damit ich nicht ins Fettnäpfchen trat, stellte Leslie
mir im Stillen seine Leute vor. Da er den Kom-
mandanten auch privat kannte, machte er mich
bekannt mit ihm und seiner Nichte Nellie.....!?
Eine Frau unter den Soldaten???

Leslie sagte zu mir, dass die amerikanischen Stabsoffiziere so einiges machen durften. Jetzt musste ich mich aber zusammenreißen, das war mehr als nur Routine...

Die Nichte fragte mich Löcher in den Bauch über die deutschen Frauen:

Zunächst über Kleidung und Hygiene, dann sollte ich ihr ganz ausführlich über die Intimfragen in einem deutschen Schlafzimmer berichten... Nebenbei bemerkt: Wenn ich an Alkohol das getrunken hätte, was Nellie den Abend über konsumierte, wäre ich nicht mehr unter uns. Auf ihre Intimfrage gab ich ihr zur Antwort, da müsse sie schon jemand anderen fragen, denn ich bin beim Sex nur der Standardtyp und Langweiler.

Sie glaubte mir nicht und meinte, dass sie gute Menschenkenntnisse hätte und ich ihr bei weitem noch nicht alles über dieses Kapitel erzählt hätte. Es war schon zu fortgeschrittener Stunde und ich fragte mich, was diese Frau denn noch alles trinken wollte. Sie sagte zu mir "Hier in Norddeutschland ist es sehr kalt, in meinem Zimmer ist es wärmer, wir beide gehen nach oben..."

Mein Herz schlug wie wild, aber es ging schon wieder los, ich hatte

Angst zu versagen....
Wie ein begossener Pudel schlich ich mich unter einer fadenscheinigen Aussage von dannen.

Leslie meinte am nächsten Tag, dass Nellie die Männer wechseln würde, wie ihre eigenen Unterhosen... Naja dann wäre das Erlebnis bestenfalls ein "One-Night-Stand" geworden, da war ich ohnehin nicht so scharf drauf. Da es telefonisch zu dieser Zeit noch nicht so weit fortgeschritten war, schrieb Nellie mir ein paar nette Zeilen, sie war schon auf dem Weg Richtung
Heimat. Leslie fragte mich, ob er meine Familie einmal kennenlernen dürfte. Ich nahm ihn mit in die "Lange Woche" (Freizeit) zu mir nach Hause. Dabei stellte ich ihm meine Familie vor, als er meine Schwester sah, ging es fast mit ihm durch... ich machte ihm klar, dass sie schon vergeben ist. Meine größten Befürchtungen, dass er etwas anstellen würde, bestätigten sich jedoch nicht... Wir besuchten ein Open-Air-Konzert, fuhren zum Columbusbahnhof Bremerhaven (den Elvis schon frequentierte) und wir unternahmen

viel mit meiner Clique. Wenn wir beide allein waren, unterhielten wir uns oft über sein Soldatendasein, er hatte schon viel Grausames erlebt. Als die Zeit des Besuchs vorüber war, sagte er zu mir "Siggi, das war wie ein Stück zu Hause, ich bin dir sehr dankbar."

Der Unterschied zwischen den amerikanischen Soldaten und den deutschen Soldaten war der, dass viele der amerikanischen Soldaten schon Ernstfälle miterlebt hatten, sie waren hier weit weg von zu Hause und Familie und auf sich allein gestellt. Sie schmiegten sich emotional als Truppe aneinander und wenn es Probleme gab, war einer für den anderen da. Gab es Grund zur Freude, so schrien sie es, anstatt zu lachen, heraus. Alkohol und Drogen gehörten zur allgemeinen Verpflegung, um die Truppe bei Laune zu halten. Sie hatten und haben noch in ihren Reihen viele "Abhängige" und "Traumata" zu beklagen, die noch nach Jahren damit zu tun haben.
Hinweis: Wer zu dem damaligen Zeitpunkt nicht aktiv Soldat sein wollte, musste den Wehrdienst

verweigern. Hierzu wurde ein Ausschuss gebildet, der die Verweigerungskandidaten in erster Linie auf ihr einträgliches Gewissen, im Umgang mit der Waffe (z.B. die Frage ob man zur Waffe greifen würde im Ernstfall, um seine Familie zu verteidigen), prüfte. Die Prüfungsdurchfallquote lag bei 95%, so dass man hier schon resignierte. Es gab auch sogenannte Vorbereitungskurse, aber die waren auf lange Zeit ausgebucht. Ich hatte bereits erwähnt, dass ich während der Bundeswehrzeit schon "Vorwehen" meiner psychosomatischen Erkrankung bekam. Dies drückte sich darin aus, dass ich einerseits sehr traurig und zum anderen sehr nervös wurde, was man daran erkannte, dass ich zum Beispiel andauernd mit meinen Fingern spielte.

Studium

1976 begann ich mit meinem Studium in der Nähe der Stadt Uelzen. So richtig zur Ruhe kam ich hier allerdings auch nicht. Ich fuhr jedes Wochenende nach Hause, da ich sonst so unruhig und traurig geworden wäre. - Ich konnte nicht allein sein. Am Sonntag, wenn es wieder losgehen sollte, war ich schon nach dem Mittagessen sehr unruhig. Im 2. Semester ging es dann richtig los: Mitten in der Nacht war ich auf einmal hellwach und fing an, über jedes Detail in meinem Leben nachzudenken. Ich steigerte mich besonders in noch nicht erledigte Aufgaben hinein und meine Sorgenkette riss dabei nie ab. Emotional war ich hoch geladen und machte mir selber Vorwürfe, warum es im Studium und in der Liebe nicht richtig funktionierte.

Ich hatte auf dem Beipackzettel meines Medikamentes entdeckt, dass bei Einnahme selbiger, Potenzprobleme an der Tagesordnung wären. Davor hatte ich eine panische Angst, nämlich zu versagen. Genau das hatte ich nicht mit meiner Freundin besprochen.

1 Woche lang schlief ich so gut wie gar nicht und war nachts stets schweißgebadet. Es wurde Zeit für einen Besuch bei einem Arzt (Allgemeinmediziner).

Der untersuchte mich vom "Hacken bis zum Nacken", aber organisch war alles in Ordnung. Er legte mir einen kleinen Zettel auf den Tisch und meinte "Die Adresse solltest du mal besuchen." Es war die Adresse eines Psychiaters. Ich erzählte zu Hause von dem Vorfall. Meine Eltern waren geschockt und meinten "So früh hast du schon mit dieser Krankheit zu tun."

Der Ernst der Lage war mir nicht bewusst, da ich bisher noch mit keinem Fachmann oder Fachfrau über mein Problem gesprochen hatte. Auch der Öffentlichkeit (Freunde, Bekannte, Kommilitonen, ja sogar meiner Freundin) hatte ich noch kein Sterbenswörtchen gesagt.

Ich habe mich als schwach empfunden. Zu dieser Zeit gab es nur wenig Verständnis für psychosomatische Erkrankungen und davor hatte ich Angst. Freitag- und Samstagabend drehte ich immer voll am Rad und sonntags hing ich durch. Das wäre sicherlich noch halbwegs als normal zu bezeichnen, wenn da nicht die Traurigkeit und Tiefstimmung gewesen wäre. Wenn ich an die vielen Wochenenden, mit den vorgenannten Symptomen zurückdenke, wundere ich mich, dass meine Freundin so lange zu mir gehalten hat. Was muss sie mit durchgestanden haben, nachdem ich ihr alles nach und nach erzählte. Sie musste, wie ein Therapeut, monatelang nachbohren, damit sie die Wahrheit erfuhr. Worüber wir immer nur oberflächlich sprachen, war unser Intimleben, weil ich derjenige war, dem alles zu viel war.

Ich hatte einfach nur Angst, dass ich das alles nicht schaffe!!!!!!!

Wie dumm und unsensibel ich war, sollte ich aber erst später erfahren. Wieder eines Nachts am Wochenende, kam ich nach Hause, legte mich ins Bett und grübelte noch ein wenig. Dann fing, wie angeflogen, mit einem Mal das Herz an zu rasen. Bisher kannte ich nur ein Schwitzen und innere Unruhe.

Ich steigerte mich so hinein, dass ich das Gefühl hatte, ich müsse sterben. Die ganze Aktion hielt bis zum nächsten Morgen an und ich besuchte einen Allgemeinmediziner.

Der Arzt meinte zu mir, ich hätte ein junges Herz und das könnte schon mal überreagieren, er bezeichnete das als "Hyperkinetische Herzsyndrom-Störungen". Bei dieser Anamnese würde ein Arzt, aus heutiger Sicht, gesteinigt werden. 1977 waren diese Diagnosen an der Tagesordnung. Ein Tranxilium würde nicht schaden. Was mir aber kein Arzt sagte war, dass dieses Mittel auch abhängig machen würde.

Meine Freundin sagte zu mir, dass sie mich gerne in meiner Studentenbude besuchen würde. Zunächst reagierte ich ganz nüchtern und begrüßte ihr Vorhaben. Im Nachhinein habe ich mich über meine Dummheit so geärgert, da ich nicht ahnte, was sie eigentlich wollte. Sie war so einfühlsam und verständnisvoll in ihrem Vorhaben: Wir beide waren endlich ganz alleine und sie würde es schaffen, mich zu entspannen und dabei unserem Intimleben wieder freien Lauf zu lassen. Soweit kam es nicht: Unter der Woche telefonierten wir beide und ich sagte ihr, dass sie besser nicht kommen sollte, da wir in Kürze mehrere Klausuren schreiben würden.

Das war von mir erfunden, ich hatte wieder mal Angst zu versagen.

Die Ruhe am anderen Ende vom Telefon war unbeschreiblich einsam und ich wusste nicht, wie meine Freundin auf das Gesagte reagieren würde. Am darauffolgenden Wochenende, kam ich nach Hause und wartete auf die Reaktion meiner Freundin. Aber sie war wie immer entspannt. Ich dachte nur bei mir selbst, 'wie viele Chancen gibt sie mir noch'. Irgendwie hatte ich das Gefühl, dass der Moment gekommen war, ihr ehrlich zu sagen, was eigentlich mit mir los ist. Ich erzählte ihr umständlich, warum ich mich so verändert hätte und in ärztlicher Behandlung sei. Sie wurde ganz unruhig und warf mir vor, dass ich die ganze Zeit nicht ehrlich war. Da ich noch keine gesunde

Streitkultur von meinem Elternhaus kennengelernt hatte, beging ich den fatalen Fehler und be-
endete unser Verhältnis. Meine Freundin schüttelte mindestens eine Minute nur den Kopf und
weinte bitterlich. Von mir kam keine Reaktion
(ich konnte nicht weinen), aber mein Herz schlug
heftig und ich ahnte, dass nun eine ganz schwere
Zeit kommen würde.

**Wir haben bis zum heutigen Tage nie wieder
voneinander gehört, aber eines weiß ich, dass
ich in meinem ganzen Leben nie wieder jemanden so schäbig behandelt habe. Ob Sie es glauben oder nicht, liebe Leserinnen und Leser, in
meiner jetzigen Therapie, bin ich nicht in der
Lage, über die vorgenannten Ereignisse
zu sprechen.**

Es hat lange gedauert, bis ich die vorgenannten
Ereignisse auch nur ansatzweise begriff und ver-
arbeitete. Ich war auch nicht in der Lage, meiner
ehemaligen Freundin nachzugehen und zu sagen,
dass es gar nicht so gemeint war.
Ich hatte das Gefühl, dass ich in unserer Beziehung nur Mist gebaut habe und dafür musste ich

ganz allein herhalten. Besser wäre natürlich gewesen, wenn ich ihr alles erklärt hätte, aber das konnte ich nicht.

Während meines Studiums baute ich ebenfalls richtig Sch.... ich brach ab und irrte ziellos durch die Gegend. Aus lauter Verzweiflung, begann ich einen Aushilfsjob bei einer Tischlerei, in der ich die "Rechte Hand" des Chefs gut kannte. Hier hatte ich einen guten Zuhörer und Freund. Die vorangegangenen Ereignisse hatten aber auch zur Folge, dass ich bei einem Neurologen vorsprach, der damals auch die psychischen Krankheiten mit behandelte. Da ich mich gar nicht beruhigen konnte verschrieb er mir **Laroxyl** und **Limbatril. Mittlerweile sind beide genannten Präparate auf der roten Liste!!!**

Obwohl ich damals von diesem Arzt sehr überzeugt war, hatte ich bei den verschriebenen Medikamenten das Gefühl, in ein tiefes Loch zu fallen. Ich nahm wieder das gleiche Medikament wie vorher ein und ging durch die Hölle.

Ich entschied mich dafür, mich kurzerhand in der Hochschule für Technik für das Fach Bauingenieurwesen einzuschreiben. Sofort bemerkte ich eine seelische Entlastung, da die Heimatnähe zu spüren war und das Land Bremen schon immer meinen Neigungen entsprach. Als nächstes suchte ich mir einen Job für die Semesterferien: Bei einer Zimmerei, bei der mein Onkel als Tischler arbeitete, fand ich schnell Anschluss.

Der Job machte mir richtig Spaß und ich erledigte mit meinen Kollegen zusammen so manche Arbeit: Dachstuhl abbinden und richten, Innenausbau, Fenster herstellen und einsetzen, Holzdecke einbauen, usw. Am Wochenende wurde ich gefragt, ob ich eine Arbeit im Akkord mit verrichten würde, in einem eingespielten Team. Da ich Geld brauchte, sagte ich zu. Ich wusste am Abend nicht mehr, ob noch alle Gelenke vorhanden waren und einen Diskobesuch sagte ich ab.

Da ich natürlich "Hiwi" war, musste ich auch für meine Kollegen mit einkaufen, d.h. die "Blödzeitung", Kakao, Zigaretten, und damals auch Schnaps und Bier, standen auf dem Zettel. Wir hatten einen Bauwagen als Unterkunft, der war ausgestattet mit einem Ölofen.Anfeuern und Versorgen mussten ihn der Lehrling oder meine Wenigkeit. Meine Einkäufe hatte ich erledigt und musste mich beeilen, denn der Polier und meine Kollegen warteten schon. Den Polier hörte ich schon aus ca. 500m Entfernung brüllen "Alles, was Beine hat, mit aufs Dach und Latten(nageln)" - "Wo bleibt Eleve Siegfried?" "Hat der Kaufmann wegen Reichtum geschlossen?" Ich mochte ihn, er war zwar sehr rau, hatte aber ein großes Herz. Auf dem Weg zur Baustelle, stieg mir auf einmal schwerer Rauch in die Nase und ich konnte dabei auch lokalisieren, wo der Rauch herkam - es war unser Bauwagen, er brannte. Wieder hörte ich den Polier schreien, jetzt sehr ungehalten und daneben zum Lehrling. "Aus so etwas wie dir, sollte man Seife kochen" Als ich näher kam, sah ich wie der Polier vom Dachstuhl sprang, die Tür vom Bauwagen aufriss und etwas herausholte. Folgendes war passiert: Beim Befeuern des Ölofens durch den Lehrling, war der Ofen, aus nicht eindeutig geklärter Ursache, in Brand geraten. Geistesgegenwärtig reagierte der Polier: Damals gab es noch die gläsernen Lohntüten . Unser Chef war vor einer Viertelstunde da gewesen und überbrachte zum Wochenende die Lohntüten, im Grunde genommen nichts anderes, als eine Pergamentpapiertüte mit Geld und einem Lohnstreifen als Inhalt. Mit der Axt schlug der Polier die Tür ein, jemand bespritze seine Öljacke mit Wasser und so drang er in den Bauwagen ein. Aus der Tür schlugen die Flammen, wir schrien alle zugleich: "Halt, nicht weiter!" aber er ließ sich nicht davon abbringen - die Tasche mit dem Geld stand gleich um die Türecke. Als er wieder herauskam, qualmte es aus ihm und zur gleichen Zeit stand, wie bestellt, die Feuerwehr hinter uns und löschte den Polier ab. Die Tasche hatte er in der Hand, sie war unversehrt.

Ein Sanitäter wollte sich um den Polier kümmern, aber der winkte ab und wollte schon wieder aufs Dach.

Es waren Semesterferien: Diejenigen von uns, deren Eltern reich waren, fuhren mit ihrem Sportwagen ans Mittelmeer und die anderen mussten sich etwas hinzuverdienen, damit sie finanziell über die Runden kamen. Ich hatte zuvor schon erwähnt, als ich Kleinkind war, konnte

mich niemand mehr halten, meine Welt waren die Baustellen. Hier spielte eine ganz besondere Melodie, die man nur wahrnehmen konnte, wenn man einen Sinn hatte, für die Arbeitspsychologie am Bau.

Ich habe sie erlebt als Kleinkind, Hilfsarbeiter und als Bauingenieur.

In dem Moment, als ich Personal leitete, hatte ich mir vorgenommen, auch unseren Jungs und Deerns, zwischen den Zeilen zuzuhören, da ich selber weiß wie schwer es ist seine Arbeit zu verrichten, wenn man gleichzeitig schwere menschliche Schicksale o.Ä. hinnehmen muss.

Ich hatte noch einen weiteren Ferienjob: Ein Ingenieurbüro für Straßenbau und Wasserbau bei uns im Ort, suchte einen Studenten für kleinere Vermessungsarbeiten, Unterstützung für Grundbauversuche, u.Ä. Beim Gespräch mit dem Inhaber des Ingenieurbüros, bemerkte ich gleich das tolle Betriebsklima und das breite Wissensspektrum, gleichzeitig vermittelte er mir väterlich, dass seine Tochter auch im Betrieb mit- arbeitete, sie lernte den Beruf der Bauzeichnerin. Eine weitere junge Dame arbeitete schon lange im Betrieb, sie war Bauzeichnerin und gleichzeitig die rechte Hand vom Chef. Der Chef hatte noch eine Studentin eingestellt, die das Gleiche wie ich erledigen sollte. Arbeitsbeginn war morgens um 7.00 Uhr. Es war der nächste Tag, das Telefon schrillte: Die Mutter der Studentin meldete sich und teilte unserem Chef mit, dass ihre Tochter nicht mehr kommen würde, da sie am unbeschrankten Bahnübergang einen tödlichen Autounfall hatte.

Es war mein erster Tag und es herrschte eine drückende Stimmung im Büro. Ich begleitete den Chef zu den einzelnen Baustellen und dabei erzählte er sehr gefasst von der Studentin und machte auch einen Step zu seiner Familie: Seine Frau war an einer schweren Krankheit verstorben. Er hatte eine neue Lebensgefährtin gefunden, die seine 4 Kinder(12 Jahre, 14 Jahre und Zwillinge 18 Jahre alt), die noch zu Hause wohnten, und ihren eigenen Sohn (19 Jahre alt), betreute. Die Tochter (20 Jahre) hatte eine eigene Wohnung. Der Chef war wie eine Art "Vater", wir kamen uns beruflich und auch privat freundschaftlich näher.... von ihm sollte ich noch sehr viel lernen. Er ließ mich auch schon recht früh alleine auf die Baustellen los, unter anderem den Bau der Autobahnmaßnahmen A 27 und 2 Brückenwiderlager an der Autobahn Hamburg/Sittensen. Hierbei stellten wir laboraufsichtlich die bodenmechanischen Parameter sicher, sowie die damit zusammenhängenden Versuche: Künzelstab, Stechzylinder und Last- plattendruckversuche. (Mit anderen Worten: Es sollte hierbei sichergestellt werden, dass der Untergrund so hergerichtet wird, dass er die Last von oben problemlos aufnehmen kann). Auf den Baustellen habe ich mit dem Baupersonal keine Probleme gehabt, im Gegenteil - hier kam ich emotional immer wieder schnell auf "Augenhöhe" und sah, wie Menschen aus einfacher Herkunft sich vorbildlich benahmen, wenn es um familiäre oder ähnliche Probleme ging. Die Tochter des Chefs hatte 2 Tage Berufsschule und war nun wieder den 1. Tag im Büro. Der Chef hatte entschieden, dass ich mit ihr zusammen eine Fläche, im Hafengebiet von Bremerhaven, vermessungstechnisch aufnehmen sollte. Sie stellte sich dabei sehr geschickt an, der Hinweis auf einen guten Lehrmeister. Bei der ersten Pause erzählte sie mir sehr ausführlich über ihre Familie: Ihre Mutter war verstorben, sie hatte noch 4 weitere Geschwister, die aber jetzt durch die neue Lebensgefährtin von ihrem Vater betreut wurden. Sie war zwischenzeitlich mit einem Amerikaner verheiratet, es hielt aber nicht lange und sie waren auch schon wieder geschieden. Im Moment hatte sie keinen Freund, sei aber auch von Männern bedient. Sie sehnte sich auch zurück nach der Zeit, wo man unbekümmerter und menschlicher mit einem umging. Ich dachte nur: So jung... und schon so viel erlebt. Die Familie ging sehr harmonisch miteinander um und alle hielten zusammen, wenn es einem schlecht ging. Im Büro lernte ich ebenfalls von der rechten Hand des Chefs, seiner Zeichnerin.... Sie konnte aber noch viel mehr. Sie hatte es vom Chef gelernt, selbstständig zu konstruieren, Pläne aus eigener Hand zu ändern und somit verlässlich eine Entlastung für den Betrieb und den Chef darzustellen. In den nächsten Wochen fuhr ich oft allein zu den Baustellen und hatte somit Gelegenheit, mir einmal Maschinen aus dem Straßenbau anzusehen, die ich nur aus Büchern kannte. Zurück im Büro: Die beiden Frauen kicherten und tuschelten und sagten mir, dass von der Baustelle in Hamburg angerufen worden wäre und ich sofort erscheinen müsse... Ich wollte mich gerade auf den Weg machen, da sagten die beiden ich hätte meine Wasserflasche vergessen... In Hamburg angekommen: Die Maschinen waren nicht im Einsatz, die beste Möglichkeit für mich, Mittag zu machen... Ich packte meine Brotbox aus, holte ein Brot hervor und machte die Wasserflasche auf und beim Trinken verspürte ich auf einmal einen sehr salzigen Geschmack(Hauptsache die beiden hatten ihren Spaß...!) Der Chef hatte einen Paralleltermin und kam aber auch noch rechtzeitig zu unserer Baustelle in Hamburg... Er fragte mich: Alles erledigt? Da fiel ihm der Polier der Straßenbaufirma ins Wort und sagte: "Soweit ja, aber der junge Mann hat schlechte Laune, da seine Selter versalzen war." Der Chef, in seiner eiskalten Art, kräuselte mich ein und behauptete: "Vielleicht vorweg irgendetwas Schlechtes gegessen?" Der Polier meinte weiterhin "Ich glaube jetzt weiß Ich warum – gestern sind deine Tochter und der junge Mann eine Stunde verspätet auf der Baustelle angekommen, sehr verdächtig."- "... du

weißt ja, bei Verliebten, die Geschichte mit dem Salz." Und die Beiden lachten um die Wette....
Wie sollte ich darauf reagieren?
Keine Reaktion vom Chef...
Ich war nicht sauer, aber irgendwie war es eine komische Situation.
Es nahm jedoch noch kein Ende: Als ich im Büro ankam, konnten es die beiden Damen kaum erwarten mich zu fragen, ob alles o.k. sei und ich den Chef
noch getroffen hätte.
"Alles bestens, keine Vorkommnisse" sagte ich.
Ich habe gedacht, wenn dieses alberne Gekicher nicht bald aufhört, dann werde ich den beiden sagen, dass ich mir auch einen Lachsack kaufen kann, denn den kann ich einschalten, wenn ich lachen will. Eine halbe Stunde später kam der Chef und grinste "Herrn Wohltmann hat man übel mitgespielt und ihm die Selter versalzen... er wäre fast dehydriert." Ich fand das nicht so witzig. Die Tochter fragte ein paar Tage später, ob ich wirklich so sauer über diesen Scherz wäre. "Nein" sagte ich "es ist schon O.K. "

Warum konnte ich nicht ein bisschen cooler sein?
Was war schon wieder mit mir los?

Sie fragte mich :"Hast du in den nächsten Tagen irgendwann an einem Abend mal Zeit?" "Ja gerne, bei mir oder dir oder neutral?" Sie erwiderte: "Bei mir wird gerade ein Wasserschaden repariert, geht es bei dir?" O.K. Wir machten einen Termin aus und sie besuchte mich.....

Als sie eintrat, machte sie einen ganz anderen Eindruck auf mich. Äußerlich wirkte sie ein bisschen verkrampft, das hätte ich bei ihr und ihrer Erfahrung mit Männern nicht erwartet. Wir beide tranken ein Wodka-Lift und dann erzählte sie mir, warum sie teilweise so verunsichert wirkt auf die Männer.
Sie hatte absolut meinen Musikgeschmack und lobte meine Plattensammlung. Im Laufe der Unterhaltung bemerkte ich, dass sie viel Ballast abwarf und zugleich für mich eine ganz neue Perspektive war... Auch auf der Arbeit verstanden wir uns sehr gut, dann fragte sie mich: "Was

machst du eigentlich so in deiner Freizeit?" Darauf ich: "Ich spiele Badminton." Sie: "Gibt es das auch für Anfänger?" Ich: "Wir beide fahren zum nächstmöglichen Termin zum Spielen." Als wir beide uns umgezogen hatten, bemerkte ich erst ihren vollen Charme und ihr Aussehen. Das bemerkten auch meine Sportkollegen. Aus heutiger Sicht frage ich mich - Was muss noch passieren, bis es endlich Klick macht bei mir?

Dann gab es noch einen Polterabend, wo wir vom Büro aus alle eingeladen waren... Die Stimmung war sehr gut, die "Bemerkungen über uns beide" wurden von außen immer stärker.... Sie war sehr ausgelassen, hatte sich aber jederzeit im Griff - wir tanzten ... sie rückte ganz eng zu mir, aber ich reagierte nicht... Das war die letzte Möglichkeit mit ihr etwas über uns beide auszuloten.

Was war passiert? Ich hatte tolle Menschen kennengelernt, die es wirklich ernst mit mir meinten.... Ich hatte eine Frau kennengelernt, die wirklich alles unternahm, um mir zu zeigen, wie ernst sie es meinte.... Warum hatte ich wieder einmal Angst vor meiner eigenen Courage,

Angst zu versagen???? Wenn ich zurückblicke, macht mich das heute noch traurig... Anmerkung: Den seelischen Druck, der dadurch bei mir ausgelöst wurde, konnte ich kurzzeitig nur durch Tranxilium etwas lösen. Mir war aber auch hier schon klar, dass ich den seelischen Schmerz nur oberflächlich behandelte.

Zur Hochschule fuhr ich mit dem Auto von unserem Dorf nach Bremerhaven und ab dann mit dem Zug nach Bremen. Hierzu eine kleine Episode: In der Nähe des Hauptbahnhofes Bremerhaven ereignete sich folgende Geschichte: Ich wollte gerade den Haupteingang des Bahnhofes betreten, da brach unmittelbar vor mir eine ältere Dame zusammen. Dabei fing ich sie auf und legte sie in Seitenlage auf den Bürgersteig. Es liefen mehrere Menschen an uns vorbei, aber keiner kam auf die Idee uns zu helfen. Erst als ein Busfahrer auf uns aufmerksam wurde, rief der einen Krankenwagen und entschärfte die Situation. Die Frau wurde wieder wach, ich fragte ob alles ok sei und sie dankte mir und ging weiter...... 2 Wochen später die gleiche Situation: Eine Frau bricht zusammen, bleibt liegen, alle gehen vorbei und ich gehe zu ihr. Sie ist bewusstlos... Ich versuche sie wieder zu beleben, die Frau schlägt mir ins Gesicht und sagt zu mir "Junger Mann, haben Sie das nötig?". Ein bisschen perplex muss ich schon geguckt haben, wusste aber die Situation einzuschätzen und entschuldigte mich bei ihr. Eine Frau neben mir ergriff das Wort und sagte "Freuen Sie sich, dass es noch solche Kavaliere gibt." Die Frau entschuldigte sich dann bei mir.

Anmerkung: Wie wohl man sich vom Gemütszustand her fühlt, wenn man einem anderen Menschen helfen kann und dann auch noch eine Anerkennung bekommt........
(Anmerkung: Ich habe während dieser Zeit schon mit türkischen, persischen, russischen und polnischen Kommilitoninnen und Kommilitonen studiert. Es war eine wunderschöne, abwechslungsreiche und interessante Zeit und ich kann nur bestätigen ,zumindest über diese genannte Personengruppe, dass der kommunikative Hintergrund sehr hoch war.)

Jetzt konzentrierte ich mich nur auf mein Studium. 1981 schloss ich mit dem Diplom ab und hatte schon nach relativ kurzer Zeit, als einer der ersten Absolventen, einen Job. Mittlerweile hatte ich wieder einen guten Kontakt zu meinen alten Freunden und meinem damaligen besten Freund, mit dem ich kurz vor meinem 1. Jobantritt mein letztes Geld in Südschweden verjubelte.

Ein traumhafter Urlaub, bei dem man richtig entspannen konnte.

Berufsleben

Mein erster Job als Diplomingenieur war der eines stellvertretenden Betriebsleiters, bei einer Fertigteilbetonfirma... Schon 1980 waren heißbegehrte Jobs rar und man nahm schon einiges in Kauf, um einen zu bekommen. Ich hatte Glück: Die ausgeschriebene Stelle entsprach meiner Qualifikation. Wir produzierten Pflastersteine in allen Variationen, sowie Schächte und Rohre. Meine Aufgabe bestand darin, die Betongüte der Produkte zu überwachen, neue Betonrezepturen zu entwickeln, Personal zu führen und wirtschaftliche Konzepte zu erarbeiten. Alles gefiel mir auf Anhieb, bis auf die Personalführung, das war ein gänzlich neues Feld für mich. Hier reichte es nicht mehr, mit jedem gut Freund zu sein, sondern wenn es erforderlich war, wurden von mir präzise Anordnungen, auch Unangenehme,dem Personal gegenüber erwartet. Das war ein Spagat: Einerseits brauchte ich als Neuankömmling dringend Informationen, um mir einen fachlichen Überblick zu verschaffen... und andererseits wollte man diese Informationen schon als Order haben.

Teilweise hatte ich hier schon meine ersten schlaflosen Nächte und ich musste die Erfahrung machen, dass das Leben als Chef sehr einsam sein kann.

Ich hatte einen guten Vorreiter, er kam aus Schlesien und er vermittelte mir, wie man dem Personal, auf den einzelnen Ebenen, am besten entgegentrat. Eine weitere Aufgabe, die erst später hinzukam, war die Bearbeitung von Reklamationen: In erster Linie waren hierbei die größeren Reklamationen gemeint, bei denen überwiegend die Firmenvertreter (Ingenieure, Poliere oder Firmeninhaber), sowie Bauherren und evtl. Behörden, Kommunen, etc anwesend waren. Das Budget für Reklamationsbearbeitungen war nicht besonders groß. Bei einem Auftrag von 100.000.-DM hatte ich die Vollmacht mit 5.000.- DM in die Verhandlung einzusteigen. Dabei lag die Entscheidung bei mir, ob ich den entstandenen Schaden für dieses Geld erledigen konnte. Soweit kam es oft gar nicht... Ich wurde teilweise angebrüllt, Schläge wurden mir auf der Baustelle angedroht, in Anwesenheit vorgenannter Gremien. Aus heutiger Sicht waren es mafia-mäßige Methoden...

aber ich war allein auf weiter Flur als Vertreter unserer Firma. Bei einer Reklamation, zu der ich gerufen wurde, wussten nur der Polier und ich, dass ein fertigungsbedingter Fehler, der bei Fertigverlegung nicht zu erkennen war, die Ursache war. Durch unsere Mitarbeiter hatte ich den Tipp bekommen, dass es einen Polier gab, der am Wochenende für eine Schwarzarbeit Pflastersteine benötigte. Ich stellte fest, dass genau dieser Polier sich auf der Baustelle, bei der Reklamation für seine Firma, so fordernd verhalten hatte.

Nun kam es für mich darauf an, alles so festzuzurren, dass der Polier aus seiner Nummer nicht mehr herauskam. Ich besprach vorweg alles mit meinem Chef, der gab mir allerdings noch mit auf den Weg, dass die Baufirmen zurzeit sehr schwierig seien. Bei dem Telefonat mit dem Polier tat dieser so, als wenn ich ihn schon eine Ewigkeit kennen würde.... Da er so zutraulich wirkte, hatte ich es umso leichter..... Ich fragte ihn ob er jemanden wüsste, der 150m² Steine aus dem Kontingent der "Reklamation" gebrauchen könnte. Ich hatte noch mehr Schwein, denn er sagte "Ich nehm sie dir ab".

"O.K." sagte ich "du kriegst sogar alles kostenlos, aber dann unterschreibst du mir die Reklamationserledigung im Rahmen der Verdingungsordnung am Bau (VOB). "Gib her"

Ich habe nie wieder solch einen Deal in meinem Leben gemacht und dabei gemerkt, welche Nerven von Nöten sind um so etwas durchzustehen. Immer wieder, wenn ich heute noch auf eine Baustelle komme, merke ich die Momente sofort, wenn etwas "stinkt".

Die Produktionsabläufe in unserem Betonwerk standen unter einem sehr vertrautem Niveau zwischen Betriebsleitung und Bedienerpersonal. Veränderungen der Rezeptur gab es deshalb oft erst kurz vor Produktionsbeginn. Der Kampf um die Rohstoffanlieferung (Sand, Kies, Zement, Farbpigmente, etc.) war oft sehr hart. Das waren keine Geschäfte für Berufsanfänger. Hier ging es um Prestige und viel Geld. Da die Firmen wussten, dass ich oft lange nach Feierabend am Schreibtisch saß, verbrachte ich viele Abende mit den Verkaufsstrategen, aber auch den Firmeninhabern. Das Thema war oft das Gleiche: Jeder konnte es besser als der andere und wirtschaftlich weitaus günstiger. Ihre Portemonnaies waren aus Zwiebelleder und sie gaben ohnehin alle Preise weit unter Wert ab.

Wenn ich ein Resümee der Geschenke machen sollte, die mir damals angeboten wurden, so hätte ich mindestens einmal um den Erdball reisen können und so manche nette andere Dinge....

Heute sieht es ganz anders aus. Die Geschäftswelt explodiert, man benötigt bei fast jedem Gespräch einen Juristen und der Spaßfaktor wird immer kleiner. Dann kann man sich in etwa vorstellen, um welche Werte es geht.

Einer der Lieferanten hatte seinen Firmensitz und Wohnsitz einen Ort weiter. Er besaß mehrere Sand- und Kiesgruben mit Fördereinrichtungen, etliche LKWs und einige große Baumaschinen. Es war ein Vorzeigebetrieb, die Maschinen wie aus dem Ei gepellt.

Jeder der Mitarbeiter war hochmotiviert, die Auftragsbücher quollen und die Firma war absolut liquide. Der Chef hatte mit Pferd und Wagen seinen Erstbetrieb begonnen, konnte jederzeit mit

Geld umgehen und Kopfrechnen...... das reichte aus, mit ein wenig Glück und Spürsinn verbunden....

Zu seinen Mitkonkurrenten gab es einen Unterschied: Er hatte keinen "Wasserkopf", in der ersten Riege befand sich noch die "In-die-Jahre-gekommene" Disponentin, sie war gleichzeitig die rechte Hand der Firma.
Und noch ein anderes Merkmal zeichnete ihn aus. Bei seinem Antrittsbesuch sprach er zwar die Objekte an, die er besaß, dann aber sagte er zu mir:
"Warum ich so stolz bin auf mein Produkt, werde ich unter Beweis stellen und vorzeigen".

Er nahm mich an die Hand und fuhr mit mir zu den einzelnen Sandgruben. Vor Ort angekommen, griff er in die einzelnen Sandhaufen, entnahm mit der Hand ein wenig Sand, zerrieb ihn und sagte zu mir, ich solle es einmal nachmachen und sagen, was ich davon halte....
Ich sagte nur: "Ganz schön scharf" "Genau, das wollte ich hören"...

Mit ein wenig Glück und Verstand hatte er es erreicht, einen Sand herzustellen, der sich zur Herstellung von Betonprodukten, sowie Kalksandsteinen, hervorragend eignete.

Es war Mittagszeit und ich wurde von ihm eingeladen. Hier erzählte er mir sehr ausführlich von seinem Lebenswerk und seiner Familie.

Dabei hatte er schon einen sehr herben Verlust zu verzeichnen – sein erstgeborener Sohn starb mit 16 Jahren bei einem Betriebsunfall mit einem Radlader in der Sandgrube. Das Gespräch verlief sehr einseitig und endete mit einem neuen Termin, den wir noch abstimmen mussten. Ich vergaß aber nicht ihm mitzuteilen, dass ich, ebenso wie er, zu einem Geschäft kommen müsste und das sehr transparent. Er liefere schon lange und das bei äußerst günstigen Konditionen, sagte er. Ich entgegnete Ihm, daß der oberste Chef ein eindeutiges Angebot sehen möchte, wenn er als einziger Sandlieferant bei uns liefern möchte. Seine Preise wurden lange Zeit nicht wirtschaftlich geprüft. (Das Letzte war von mir erfunden...) Mir war klar, dass derjenige, der mir gegenübersaß, hier eindeutig mehr Moos auf dem Rücken trug

als ich..... "Damit Sie meinen guten Willen sehen und dass ich den Auftrag haben möchte, hier ein unschlagbares Angebot." Das Angebot war sehr gut, sowohl von der Qualität, als auch vom Preis. "Ich gebe das so weiter und spreche mit meinem Chef." Er bekam tatsächlich den Auftrag, für ein Jahr den Sand zu liefern.
Unseren Mitarbeitern erteilte ich die Anweisung, den Sand genauestens zu prüfen, ich traute ihm nicht.

Nach ca. 1 Woche meldete sich der Radladerfahrer bei mir und beklagte sich über die Qualität des Sandes. "Viele Lehmeinschüsse und hoher Feinstkornanteil". Er war gerade heraus aus meinem Büro, da meldete sich fast zeitgleich der Chef der Sandfirma: "Ich hole die gerade gelieferte Tour sofort wieder ab, Sorry" "O.K." sagte ich, "noch ist uns kein Schaden entstanden". Er weiter: "Sag mal, hast du nächsten Samstag vielleicht Zeit, wir feiern hier bei uns zu Hause ein Lampionfest".
Zwei Dinge störten mich an dieser Situation:
War es Zufall, dass er so detailliert von der Fehlcharge wusste? Seit wann duzten wir uns?

"Da meine Tochter gerade die Einladungen verschickt, solltest du mir zeitnah Bescheid geben.", sagte er.

Ich hatte in der nächsten Stunde einen Auswärtstermin und war somit nicht anwesend. Als ich danach mein Büro betrat, klingelte das Telefon und die Tochter vom Chef der Sandfirma rief mich an: "Herr Wohltmann, ich habe Sie mmer noch nicht für unsere Feier eingetragen und mein Vater hat mir aufgetragen ja nicht ohne Sie anzukommen." Ich hatte keine Chance und sagte zu.
Damit ich nicht ganz auf die Nase fiel, hatte ich schon mal meine Fühler ausgestreckt, hinsichtlich Bekleidung und wer kommen sollte. Als ich auf dem Weg zu der Feier war, ging mir einiges durch den Kopf und es schlotterten mir ein wenig die Knie. Mittlerweile hatte ich erfahren, dass es ausschließlich eine Familienfeier werden sollte. Ich war wie immer alleine und hatte alles selber in der Hand. Die Begrüßung verlief sehr herzlich und zwanglos. Dann zeigte der Chef mir sein Imperium: Es war abseits der Bebauung.... dann

folgte ein beleuchteter Betriebsweg zum eigentlichen Anwesen, mehrere Teiche mit Riesenkarpfen (Kois, etc.), eine Weide mit Pferden.....

Sein eigentliches Anwesen wirkte wie ein Schloss.... ich kam aus dem Staunen nicht mehr heraus. "Hier", sagte er "habe ich meine Antwort darauf, wenn die Konkurrenz mir einmal zu nahe auf den Pelz rückt". In einer zurückgelegenen Remise standen 4 brandneue 4-Achser-LKW.

Er stellte mir seine eigene Mutter vor, zu der er sehr herzlich war. Dann kam der gemütliche Teil: Der Jäger im Ort hatte ein Wildschwein erlegt und das hing zubereitet an einem Spieß über einem offenen Feuer. Diese funktionierende Familienharmonie kannte ich von zu Hause. Seine Frau sprach mich auf mein Elternhaus an, sie kannte meinen Vater. Im benachbarten Ort wohnte eine Tante von mir.

Dann wurde ich der Tochter vorgestellt, die ich vom Telefon her kannte. Sie hatte eine tolle Stimme und war eine gute Erzählerin. Dabei erzählte sie von ihrer kaufmännischen Ausbildung, sie war Mitte 20 und ihr Hobby waren die Pferde, die ich schon gesehen hatte... Sie bestand aber darauf, dass ich mir ihr eigenes Lieblingspferd noch genauer ansehen möge. Hierzu gingen wir beide noch einmal zur Weide und hier sagte sie zu mir "Wenn ich einmal sehr traurig bin oder sonst ein Problem habe, komme ich hierher, denn der hier (dabei zeigte sie auf ihr Pferd) hört mir zu." Überhaupt war sie ganz anders, als die Art Frau, die ich bisher kannte.

Sie wusste genau, was sie wollte... war dabei unwahrscheinlich charmant und witzig. Wir genossen alle zusammen einen schönen Sommerabend bei tollem Essen, sehr gastlicher Unterhaltung und unterhaltsamer Musik, bei der zu später Stunde auch noch ein Tänzchen gewagt wurde.

Die Verabschiedung verlief sehr herzlich, mit der Verabredung für einen neuen Termin, den die Frau des Hauses einleitete. Auf dem Weg nach Hause gingen mir wieder viele Gedanken durch den Kopf....War seine Tochter die Frau, die ich immer wollte? Hätte ich überhaupt eine Chance? Am Montagabend ging das Telefon, ich war noch allein im Büro:

Der Chef der Sandfirma rief an und fragte mich, ob ich allein sei und wie mir der Abend gefallen hätte.

Ich sagte ihm, dass ich von seinem Anwesen beeindruckt war und die Familienmitglieder ebenfalls mochte.

Er sagte zu mir, dass er und seine Familie durch meine Art des Auftretens sehr angenehm überrascht waren. Er hätte aber noch eine ganz wichtige und vertrauensvolle Botschaft für mich. Eigentlich dürfte er mir das jetzt noch gar nicht sagen, aber seine Tochter hätte mehr als das bloße Interesse an meiner Person. Irgendwie hatte ich bei ihm und seiner zuvorkommenden Art, schon mit so etwas gerechnet.

Versuchte er zu "verkuppeln"? Da musste ich auf der Hut sein. Ich sagte ihm, dies sei eine ganz neue Situation für mich und ich möchte das Erfahrene im Moment nur verdauen. "Das kann ich verstehen, aber du hast sie kennengelernt.... ich kann dir nur so viel sagen, sie hat zu uns gesagt - 'Männer die sich wie Kinder benehmen, habe ich genügend kennengelernt, das reicht mir. - Jetzt ist jemand in mein Leben getreten, den ich schätzen gelernt habe und kennenlernen möchte.'"

Ich hatte doch wirklich noch keine Reaktion auf die Wirkung seiner Tochter auf mich gezeigt - es war wie auf einem Heiratsmarkt.
Dabei hatte ich jetzt ein großes Problem: Damals lebte mein Vater noch, ihm konnte ich das Ganze nicht anvertrauen. Und meiner Mutter, nein, die würde es meinem Vater erzählen. Meine Schwester hatte keine Zeit... Es war wie verhext.

Wovor hatte ich eigentlich wieder mal Angst? War es die eigene Courage? Die Angst zu versagen?
Die Angst, es nicht jedem Recht machen zu können? Auch in dieser Situation brachen bei mir Herzrasen und schlaflose Nächte
aus, ich hielt es ohne Medikament nicht aus.

Dass ich mit einem Schlag alles hätte erreichen können in meinem Leben, kam mir gar nicht in den Sinn. Auf einmal verspürte ich nur noch Unsicherheit bei dem ganzen Vorhaben und wenig Schönes.

Aber alles wartete irgendwie auf mich und meine Entscheidung..... ich musste Klarheit schaffen. Ich entschied mich dafür, seine Tochter anzurufen und ihr in einem Gespräch unter vier Augen reinen Wein einzuschenken.

Da hatte ich mir etwas vorgenommen!!!!!!

Dabei stellte ich mir vor, dass ich gerade die Frau am anderen Ende des Telefons wäre und man würde mir gerade ein Date mitteilen....
Damit würde ich ihr schon so viel Hoffnung machen....
Ich machte mir sehr viel Gedanken. Bei dem Telefonat mit ihr wurde mir richtig schlecht: Zu Beginn sagte ich ihr, dass wir uns auswärts treffen sollten, da ich mit ihr allein reden wolle.... (als ich aufgelegt hatte, merkte ich, dass ich Blödsinn redete, ich hätte sagen müssen, dass ich ihr etwas Wichtiges mitzuteilen hätte).....aber, aber, aber...
Der Termin rückte näher und bei den Gesprächen mit ihrem Vater war es nicht so aufregend, so kam es mir vor. Bei der Begrüßung gab sie mir einen Kuss auf die Wange.... das machte die Sache

für mich nicht einfacher. Um das Ganze zu entspannen, legte sie los, erzählte von ihren Pferden, dem gerade geborenen Fohlen und von der kranken Oma. Das sollte eigentlich mein Part sein.... aber ich hatte keine Chance - das war ihr Vater in Person. Die Fragen von ihr an meine Person, wurden immer präziser und emotionaler.

...Wenn ich jetzt nicht einlenke, passiert ein Unglück (dachte ich mir) und legte einfach los: "Mittlerweile hatten wir uns das "Du" angeboten" "Wir sind uns ein ganzes Stück nähergekommen und ich muss dir an dieser Stelle etwas Wichtiges sagen - du bist intelligent und schön und ihr habt euch ein Imperium aufgebaut und habt mir schon so viel interne Familiendinge erzählt, ich habe Bedenken, dass ich dich und deiner Familie dabei enttäusche." Ich war mit meiner Ausführung noch nicht zu Ende, da fiel sie mir ins Wort "Hat Vati dich kirre gemacht???" Sie war ein bisschen errötet und redete aufgebrachter "Ab sofort hält er sich aus meinem Leben heraus." "Ich versteh dich, aber er meint es nur gut."

sagte ich. "Was ist mit uns beiden, gibt es keine Chance?." fragte sie enttäuscht.

Ich haderte mit der Antwort, sie nahm ihre Handtasche und verließ mich und das Café ohne weitere Worte.

Obwohl ich glaubte, alles richtig gesagt und gemacht zu haben, stand ich am Ende mit leeren Händen da und war emotional nicht ein Stück weiter, weil ich mir selber nichts zutraute und im Weg stand. Wie konnte ich das nur besser machen mit dem Selbstvertrauen?
Ich hatte das Gefühl: Nichts ist einfach..... Jeder hätte es wie eine Episode in seinem Leben abgehakt, aber bei mir lagen die Nerven blank und vor allen Dingen machte ich mich verantwortlich dafür, dass ich zwei Menschen schwer enttäuscht hatte.

Es war wieder der Alltag eingekehrt.... es lief der gleiche Film ab und vergessen war die ganze Aufregung.Nicht ganz, die Erinnerung daran ist geblieben.

Eine Ergänzung zu meinem Erstjob: Von meinem ersten Gehalt kaufte ich meinen Eltern eine Stereoanlage. Wenn ich in meinem Leben irgendjemandem etwas zu verdanken hatte, so waren dies meine Eltern. Sie arbeiteten körperlich hart, machten Überstunden, nur damit wir, meine Schwester und ich, es einmal besser hätten. Ich hatte das Gefühl zu Lebzeiten etwas Schönes für meine Eltern tun zu müssen.

Eigentlich war ich auf dem Höhepunkt, aber das Wichtigste fehlte noch: Meine Traumfrau!!!!!!

Da ich ein Auto besaß, war ich flexibel und irrte mit meinen Freunden teilweise ziellos umher, mit dem Hintergedanken, irgendetwas Brauchbares zum Thema "Frau" würde sich schon ergeben. Irgendwo in einer Ecke fand ich mich dann auch knutschend wieder, einiges an Alkohol dabei schon intus. Am nächsten Morgen wachte ich auf und stellte fest, dass sich alles irgendwie verändert hatte. Die Mädchen, die Szene und alles, was damit zu tun hatte. Nicht die anderen hatten sich verändert, sondern ich war in meinen Ansprüchen höher angesiedelt. So, hatte ich das Gefühl,

konnte ich auf das andere Geschlecht nicht losgehen.

2 wirkliche Leidenschaften habe ich in meinem
Leben:

Die Musik und die Liebe

Da ich in der Liebe nicht ohne großes Glück weiter kam, beschäftigte ich mich mit der Musik.
Wurde irgendwo ein größeres Konzert angekündigt, so überredeten wir uns gegenseitig und besuchten es. Bands wie Wishbone Ash, Jethro Tull,
Rory Gallagher, Mountain, Status Quo, Leonard
Cohen, Kraan, Birth Control wurden verfolgt.
Oft kamen wir schon 1 Stunde früher, so dass
man das Flair drum herum einfach mitnahm. Es
versammelte sich immer eine Interessengruppe
von friedlichen, kommunikationsfreudigen und
musikverliebten Menschen.

Aus meiner Sicht war es sehr anregend und eine
Welt für sich, dem Alltag entsagte man für ein
paar Stunden. Man verabredete sich für das

nächste Konzert mit neuen, gerade kennenge-
lernten Musikliebhabern.

Zu Hause hatte ich mir schon eine ganz ordentli-
che Menge an Langspielplatten zugelegt. Da die
Musik bei mir immer mit viel Bass und laut gehört
wurde, baute ich meine Lautsprecherboxen mit
meinem besten Freund (Tischler) und einem weiteren Kumpel (war zu der Zeit in der Lehre als
Fernsehtechniker) auf. Der Sound war irre und
ich hätte einen Saal damit beschallen können. Einer meiner Nachbarn sagte zu mir, er hätte
meine Musik auf dem Bahnhof (Entfernung ca.
150 m) so laut mitgehört, dass er selber mitsin-
gen konnte. Bei dieser Lautstärke fiel eines
Abends meinem Vater die Zeitung aus der Hand.
Postwendend beschritt er die Treppe zu meinem
Zimmer, ohne zu klopfen (hätte ich sowieso nicht
gehört) kam er herein, brüllte mich an und gab
mir den Hinweis, dass er auf keinen Fall diese
Lautstärke akzeptierte. Die einzige Alternative,
die ich bei noch vollem Genuss entdeckte, war
die Anschaffung eines Kopfhörers. Wenn ich mich
in meinem geschlossenen Zimmer befand und
mit dem Kopfhörer Musik hörte, kam es oft vor,

dass mein Besuch durch meine Mutter mit dem Gang rauf zur Treppe angekündigt werden musste. Damit dies nicht so blieb, wurde eine Lampe mit Rotlicht installiert. So dass meine Mutter auf einen Schalter drückte, das rote Licht ging an und ich wusste, es war Besuch für mich da.

Anmerkung: Die Musik war das einzige Element, welches mich von meinen psychosomatischen Problemen ablenken konnte. Für eine bestimmte Zeit, war ich in einer anderen Welt. Bei extremen Situationen (Panikattacken, o.Ä.) half nichts. Bis hin zu den Empfindungen wie "Ich sterbe" oder "hört das denn nie auf", habe ich ein Werkzeug gefunden:
Irgendwann habe ich mir gesagt, besser wird es nicht, helfen kann dir sowieso niemand, dann lass es doch einfach zu, dass du stirbst.
Bis ich mental soweit gefestigt war, dauerte es natürlich, aber es half. Ich konnte keine der Entspannungsübungen, die in der klassischen Psychologie angewendet werden, nutzen. Dazu war

ich zu angespannt. **Allein die kognitive Alternative, in Verbindung mit meiner Musik, hat eine Entspannung bewirkt.**

Meine Musik, die ich hörte, inspirierte auch meine Freunde, daher war meine Bude immer voll. 'So weit, so gut' dachte ich, aber irgendwie war ich doch immer alleine, obwohl der Freundeskreis sehr groß war. Dabei kam mir ein anderer Gedanke: Ich wohnte nun schon seit längerer Zeit mit meiner Mutter allein (mein Vater war verstorben und meine Schwester schon längere Zeit ausgezogen) in einem Haus. Das konnte so nicht bleiben. In jedem Fall wollte ich mich abnabeln und ein selbstständiges Leben führen. Als ich den Entschluss fasste endgültig auszuziehen, überkam es meine Mutter und sie fing an zu weinen.

Ich hatte bereits erwähnt, dass es in unserer Familie sehr harmonisch zuging. Meine Mutter kam dann auch fast jeden 2. Tag und schaute nach dem Rechten, sie konnte einfach nicht loslassen. **Was es mit der Bezeichnung "Loslassen" auf sich hatte, sollte ich erst am eigenen Leib spüren, als** unser jetziger Sohn auszog. (Darauf komme ich später noch zurück)

Gleich zu Beginn, in meiner Wohnung, freundete ich mich mit meiner Übermieterin an. Sie sagte mir, dass sie geschieden sei und eine kleine Tochter hätte. Wer mich damals kannte, konnte sich denken, dass ich fast eine Woche ganz unruhige Nächte hatte, immer mit dem Gedanken, wie wohl was werden und entstehen könnte.

Dabei überkam mich immer das Gefühl der Verantwortung, Sicherheit und schon wieder die **Angst** zu versagen. Ich erzählte meiner Mutter von der Begegnung und sie antwortete sehr nüchtern:

Wenn ihr 3 zusammenkommen sollt, dann wird es so eintreten, du wirst es schon rechtzeitig spüren. Für mich war es zwar nicht das, was ich hören wollte, aber ich hatte eine gute Zuhörerin, die mich, im Falle des Wahrwerdens, unterstützte. In den nächsten 14 Tagen verabredeten wir uns fast jeden Tag, entweder bei ihr oder bei mir und führten sehr anregende Gespräche. Dann brachte sie ihre Tochter zu einigen der Dates mit.

Sie sagte zu mir , dass ich am Wochenende zum Abendessen kommen solle, anschließend hätte sie mir etwas mitzuteilen. Ich besorgte einen Strauß Blumen und konnte es kaum noch erwarten. Zu Beginn fragte ich, wo denn ihre Tochter sei, sie antwortete "bei Oma und Opa". Dann kam sie mir zuvor mit einem verzückten Lächeln im Gesicht und sagte "Ich halte es nicht mehr aus" küsste mich inniglich und ergänzte "meine Tochter findet den Typen über uns auch ganz ok". Das Essen wurde kalt, aber für uns war in dem Moment der Appetit auf etwas anderes viel wichtiger.

Noch in dieser Nacht, habe ich ihr von meiner Krankheit berichtet und von meiner

Angst, etwas falsch zu machen. Bei ihr war es Respekt vor ihrer Erfahrung mit der Liebe, der aber durch ihre Zärtlichkeit mir gegenüber entschärft wurde. Einer der schönsten und einfühlsamsten Momente im Leben, spielte sich ab. Meine neue Freundin schaffte alle Voraussetzungen für ein entspanntes, erfülltes Leben. Dies kannte ich so noch nicht.

Zu dritt genossen wir unser Leben, reisten zu Freunden, besuchten Konzerte, waren im Zoo, Vergnügungspark, etc. Nach etwa einem Jahr bei einem Candle-Light-Dinner, fragte sie mich, ob ich mir vorstellen könne, dass unsere kleine Familie sich vermehren würde.
Ich empfand es wie einen Schlag vor den Kopf und entgegnete ihr, dass ich Bedenkzeit bräuchte. Zugegeben, da hätte mir auch etwas Passableres einfallen können, aber ich war wie angewurzelt. Ich hatte eine erfahrene Frau vor mir und kein Kind, das sollte ich eigentlich wissen. Da ich gerade jetzt jemanden zum Reden brauchte, der mich neutral beraten sollte, suchte ich meine Mutter auf.

Sie können mir glauben, liebe Leserinnen und Leser, meine Mutter hätte sich eher auf die Seite meiner Freundin gestellt, als auf meine.
Allerdings sagte sie zu mir "wenn du der Meinung bist, dass es zwischen euch dreien passt, dann musst du dich entscheiden."
Wieder einmal musste ich mich entscheiden - wieder hatte ich Angst, dass ich dieser hohen Verantwortung nicht gerecht werden könnte. Immer wenn ich diese panische Angst hatte, nahm ich eine dieser bunten Pillen (Tranxilium). Ich wurde ruhiger, aber ich wusste, dass dies nur temporär anhielt.

Nun traf ich für uns alle eine lebenswichtige Entscheidung: Ich sehe sie immer noch vor mir in ihrem rot-weißgepunkteten Kleid. Meine Stimme blieb fast weg, als ich ihr mitteilte, dass ich mich für diese Aufgabe noch nicht reif genug fühlte.
Ich entschuldigte mich und sagte "Es tut mir leid".
Sie hatte Tränen in den Augen und trommelte auf mich ein, "Ich versteh das nicht" sagte sie und ihr versagten die Nerven. Sie lief in ihre Wohnung.
Wieder stand ich mit leeren Händen da und dann fingen **2 der nervenaufreibendsten Wochen für**

mich an. Keiner, auch die Ärzte nicht, konnte mich beruhigen, erst eine Beruhigungsspritze brachte Linderung. **Parallel zu der Unruhe, kamen ein Enddarmleiden, sowie eine Schuppenflechte dazu. Auf der Arbeit war ich nicht bei der Sache, das merkte auch mein Chef.**

Ich zog aus meiner Wohnung aus und kehrte wieder zurück zu meiner Mutter. Hier waren das Verständnis und der Trost da, aber verwunden hatte ich das Geschehene noch lange nicht.
Es waren ungefähr 2 Wochen vergangen und es klingelte an der Eingangstür. Sehr verdutzt schaute ich in die Gesichter der Eltern meiner mittlerweile Ex-Freundin. In Anwesenheit meiner Mutter, redeten sie sehr eindringlich auf mich ein, und gaben zu verstehen, dass sie mich absolut nicht verstehen würden, ihrer Tochter gehe es überhaupt nicht gut und die Enkelin hätte sich mittlerweile schon so an mich gewöhnt und hätte auch schon geweint. Obwohl es mich sehr viel Kraft kostete, konnte ich zu diesem Zeitpunkt nicht anders, als ihnen mitzuteilen, dass es mir leid täte, meine Entscheidung aber gefallen sei.

Ich bin mir ganz sicher, aus heutiger Sicht und mit dem damaligem Zweifel und der Angst, dass ich hätte anders entscheiden müssen. Heute weiß ich, mit meiner Krankheit und meinen psychosomatischen Werkzeugen, die ich bekommen habe, dass der ganz normale Alltag mit den Personen, die darin vorkommen, auch emotional zu bewältigen ist. Dieser Prozess hat sehr lange gedauert.

Nun überschlugen sich die Ereignisse: Nach ca. 1 Monat hielt ich das Alleinsein nicht länger aus und verzweifelt fing ich eine Affäre mit meiner Schwägerin (Schwester von meinem Schwager) an. Warum ich sie geheiratet habe, weiß ich bis heute nicht.

Jedenfalls habe ich hier meine gerechte Strafe, für mein unsensibles Verhalten meinen letzten Freundinnen gegenüber, bekommen. Sie zeigte mir sozusagen im Spiegel, wie man sich in einer intimen Beziehung nicht benahm: Wir spielten beide zusammen Badminton und freundeten uns auch mit anderen Spielern und Spielerinnen an.

Nach ca. 1 Monat bekam ich von einem mittlerweile sehr vertrauten Mitspieler den Hinweis, ich sollte meine Frau doch besser im Auge haben. Ich entgegnete ihm, dass wir beide uns blind vertrauten.

Mein Kollege zuckte mit den Achseln. Wenn dem wirklich so war, was ich nicht glaubte, so mussten sie sehr geschickt vorgehen. Nachdem 2 weitere Wochen ins Land gezogen waren, nahm meine Frau mich beiseite und sagte zu mir: "Du hast es doch auch schon länger bemerkt, zwischen uns beiden läuft es nicht mehr und ich habe bereits jemanden kennengelernt." Es war ein Sportkollege vom Badminton. Jetzt war ich derjenige, der am Fenster stand und bitterlich weinte. Die Tatsache, dass sie fremd ging, war eine Sache. Aber das ich diese Neuigkeit von jemand anderem erfuhr, erfüllte mich mit tiefer Demut. Sie war eben eine Frau, für die es sich nicht lohnte, über Probleme zu reden. In diesem Fall war es eben leichter, sich aus dem Weg zu gehen und über den Zaun schon Ausschau nach jemand Neuem zu halten. Das Resümee war für mich und viele Bekannte und Freunde:

Nur gut, dass ihr noch keine Kinder habt. Im Gegensatz zu meinen früheren Beziehungen war hier von Seiten meiner Frau kein Kinderwunsch. Hätte ich das früher gewusst, wäre ich die Beziehung nicht eingegangen. Was hatte mich hier geritten?

Die eigentliche Frage war für mich, obwohl sie darüber nicht redete,
"Was war geschehen?" War ich der Auslöser? Ich zermarterte mir den Kopf.

Dabei spielten die Nerven verrückt und ich bekam meinen ersten richtigen Nervenzusammenbruch. Das spielte sich wie folgt ab: Meine Gedanken drifteten in eine mir ganz unbekannte Welt.
Ich versuchte mich dabei immer wieder zu beruhigen und an etwas Schönes zu denken (den Tipp hatte ich noch von meiner Mutter). "Du musst es schaffen, sonst stirbst du", so meine Gedanken.
Immer wieder die gleiche Formel.
Ich hatte eine Höllenangst.

Wieder der Griff zu einer "Tranxilium - Nach ca. 3 Stunden Höllenqualen beruhigte ich mich. Irgendwie wollte ich nicht mehr.........

Die einzige Person, der ich alles anvertraute, war einmal mehr meine Mutter. Sie war eine gute Zuhörerin und gab mir die richtige Zuwendung. Denn das war noch nicht alles: Da meine Frau die Schwester meines Schwagers war,wurde die gesamte Verwandtschaft so richtig aufgemischt.

Mein Glaube an Gott hat mich nie verlassen und so habe ich immer gebetet, er möge mir doch den richtigen Weg zeigen. Ich bin fest davon über-zeugt, dass die nachfolgende Episode schon in unmittelbarem Zusammenhang mit den himmli-schen Mächten zu tun hatte:
Das Badmintonspiel sollte für mich nicht nur schlechte Begleiterscheinungen mit sich bringen. Ich hatte schon seit längerer Zeit, zwar ein sehr nebensächliches, doch nun umso wichtigeres, Auge auf eine weibliche Person gerichtet. Wäh-

rend der Zeit, in der ich noch mit meiner Frau zusammen war, galt zumindest für mich der Spruch: Appetit holen darf man sich woanders, aber gevespert wird zu Hause. Da ich nun aber nicht mehr gebunden war, galt das für mich nicht .. Sie saß neben mir auf der Bank in der Sporthalle. Das lange, mittelblonde Haar war zusammengesteckt als Pferdeschwanz und sie trug eine dunkelblaue Nerdbrille. Ihr Parfüm roch himmlisch. Als wenn wir uns schon eine Ewigkeit kannten, kamen wir sofort ins Gespräch..... Ich hatte den Fremdgang von meiner Frau gerade erst mitbekommen, habe dann, aus lauter Verzweiflung und Vertrauen ihr gegenüber, meiner neuen Bekanntschaft über alles berichtet. Sie wusste zu diesem Zeitpunkt sehr viel über meine Person. Irgendwie hatte ich eine Eingebung, die mir sagte: Hier darfst du nicht lockerlassen.

Sie kam mit ihrer Freundin, die spielte Badminton wie der sterbende Schwan, aber sie war menschlich sehr gut drauf. Dann schnappte ich mir meinen Kollegen und wir spielten ein Doppel. Dabei schaute ich ihr ständig in die Augen, das überhaupt ein Spiel zustande kam, war für mich ein wahres Wunder.

Bei einem Spaziergang erzählte ich meiner Mutter von den Ereignissen und gab ihr zu verstehen, dass sie die Frau fürs Leben wäre und ich an nichts anderes mehr denken könne. Meine Mutter sagte:
"Denk auch an den da oben, wenn es irgendeine Kraft von da gibt, so bekommst du ein Zeichen."

Der nächste Badmintontermin rückte heran und ich konnte die Zeit bis dahin gar nicht abwarten. Wie verabredet, setzte ich mich gleich zu ihr auf die Bank und wir beide quatschten munter drauf los.

Sie erzählte mir, dass sie Masseurin und medizinische Bademeisterin sei und in der elterlichen Praxis arbeiten würde. Ich konnte nicht mehr länger warten und fragte sie, ob sie am 05.01.1991 schon etwas vorhätte, sonst würde ich sie gerne zu einem Kaffee oder einem Eis einladen ins Piccalilli (Café-Restaurant).

Sie folgte meiner Einladung und ich war ganz gespannt auf dieses Date. Im Verlaufe des Gespräches, kamen wir uns zwar näher, aber sie hielt sich sehr bedeckt. Dann teilte sie mir mit, dass sie liiert sei. Mit einem Italiener, in einer Fernbeziehung. Das war natürlich sehr ernüchternd für mich und ich wusste gar nicht so schnell, wie ich reagieren sollte. Es vergingen einige Wochen, sie war beim Badmintonspielen wie gewohnt freundlich zu mir und irgendwie.....

Am Sonntag spielten mein Schwager, mein ehemaliger Schwiegervater und ich Skat zusammen. Wir spielten um geringe Beträge, erklärten aber gegenseitig, dass der Gewinn gemeinsam verjubelt werde. Wir schauten uns die Kasse an, sie war voll.

Daraufhin beschlossen wir, uns in einem Restaurant, bei einem guten Essen, in 2 Wochen, an einem Sonntag (24.02.1991), zu treffen. Ich kam abends zu Hause an, meine Mutter hatte dieses gemeine Grinsen im Gesicht und sagte zu mir: "Telefon von einer mir unbekannten Dame, du sollst zurückrufen." Mein Herz klopfte bis zum

Hals und ich rief die "unbekannte Dame" zurück. Sie machte es kurz und fragte mich, ob ich am 24.02.1991 nachmittags schon etwas vorhätte, ansonsten sollte ich zu ihr nach Hause kommen zum Kaffee.

Dieser Termin kam mir irgendwie bekannt vor, aber ich sagte ihr den Kaffeetermin zu. Ich war gespannt wie ein Flitzebogen, was das nun wieder auf sich hatte. Irgendwie konnte ich das Essen mit meinen "Skatbrüdern" gar nicht so richtig genießen, denn ich dachte ständig nur an unser Date, wenn es denn eins sein sollte.
Mit einer verdächtig schnellen Verabschiedung, verließ ich das Lokal und brauste zu ihr. Sie hatte sich gerade von ihren Eltern abgenabelt in eine kleine, süße 1 1/2- Zimmer Wohnung. Als erstes entdeckte ich ihren Faible, witzige Figuren auf der Fensterbank, herzliches Dekor. Ihre kleine Wohnung war geschmackvoll eingerichtet. Zum Kaffee gab es selbstgebackene kleine Törtchen mit Erdbeeren.

Den ganzen Nachmittag unterhielten wir uns ganz anregend über unser bisheriges Leben, über gemeinsame Musikinteressen und Filme. Aber sie sprach auch darüber, dass sie in ihrer jetzigen Beziehung nicht glücklich war.

Ich merkte, wie es in der Wohnung zelebrierte und aus ihrem Mund und ihren Augen das Interesse an meiner Person den Höhepunkt erklomm. Jetzt musste ich sie einfach küssen und sie ließ es zu, nun war es um uns beide geschehen.

Den schwierigsten Part hatte sie noch vor sich: Gleich am Montag darauf, versuchte sie ihren Freund in Italien anzurufen, aber sie konnte ihn an dem Tag nicht erreichen. Erst am Mittwoch erreichte sie ihn und musste ihm klarmachen, dass ihr Verhältnis zu Ende war. Selbst mir ging diese Szene sehr unter die Haut. Ich stellte mir vor, dass ich am anderen Ende sitzen würde.
So schön alles den Lauf nahm, aber eine Person hatte nun das schlechtere Ende.

Diese Art Emotionen entzündeten bei mir natürlich ein Feuerwerk und da ich das Medikament Tranxilium mittlerweile versuchte diszipliniert

nur temporär alle 14 Tage einzunehmen, gelang es mir hier tatsächlich, über einen Zeitraum von ca. 4 Wochen, gar nichts einzunehmen.
Anmerkung: Auch freudige Ereignisse können die Nerven negativ beeinflussen - dann bin ich sehr aufgekratzt, bis hin zum Herzrasen.

Ich erzählte meiner Mutter von meiner neuen Flamme und sie freute sich mit mir. Überhaupt muss man sagen, das Eis war sofort gebrochen, als ich meine Freundin meiner Mutter vorstellte und die beiden verstanden sich auf Anhieb.
Für mich begann jetzt die schönste Zeit meines Lebens. Wir lebten unbeschwert und vergnügten uns, waren aber bescheiden und bodenständig. Schon während der Zeit des Kennenlernens (Treffen bei Piccallili), zeichnete ich meiner neuen Flamme den Anbau und Umbau meines Elternhauses, für meine neue Familie, auf kleine Zettel. Sie war begeistert. Für meine Mutter wurde eine abgeschlossene Wohnung im Erdgeschoss berücksichtigt. Das war das Schöne in unserer Familie, Objekte dieser Art wurden mit allen Familienmitgliedern durchgesprochen.

Anmerkung: Es gab für mich, was unsere Familienharmonie anbelangt, nur die Sonnenseite. Das ist im Hinblick auf die Psyche schon mal die halbe Miete.

Es näherte sich der Sommer und bei mir auf der Arbeit begannen wir mit 2 Großprojekten (Bau) gleichzeitig und zusätzlich übernahm ich noch Aufgaben der Betriebsleitung.
Ich arbeite gern und lange, das wussten alle. Deswegen konnte ich auch nicht nein sagen, wenn ich von den Kollegen gebeten wurde mit zu konstruieren und mit Rat auszuhelfen. Für mich war es selbstverständlich, als Vorgesetzter für alle da zu sein.

Ein alter Bekannter

Hier nun einige Passagen aus meiner Berufszeit als Sachgebietsleiter.

Zurück betrachtet war diese Zeit aus der Erinnerung die schönste und wichtigste Zeit. Ich lernte einen Menschen kennen, der knapp 10 Jahre älter ist als ich. Aber es kam mir so vor, als wenn ich ihn schon sehr lange kennen würde. Zunächst begegneten wir beide uns über alle Maßen respektvoll und mit dem entsprechenden Abstand. Er war mein Stellvertreter. Ich kann mit Fug und Recht behaupten, dass es für uns beide an diesem Arbeitsplatz jeden Tag neue Aufgaben gab und somit keine Langeweile aufkam. Er kümmerte sich mehr um das Personal, die Arbeitseinsätze, die administrativen Dinge und die Maschinen.Für mich waren der Bau der Anlage unserer Firma auf der ich zuständig war, die Zahlen am Monat- und Jahresende, Investitionen und die Kostenverfolgung die Hauptaufgaben. Wir waren hier mit einer ziemlich kleinen Mannschaft auf uns allein

gestellt und mussten so manches Mal in die Trickkiste greifen, damit der Laden auch lief. Mein Kumpel war gerade eben aus diesem Holz geschnitzt: Als Kind hatte er die Nachwirkungen des 2. Weltkrieges nachhaltig mitbekommen und war bei seinen Großeltern aufgewachsen unter sehr bescheidenen Verhältnissen. Als Jugendlicher interessierte er sich schon früh für die sozialen Belange der Bremerhavener und war vertreten in der Politik und der Gewerkschaft. Wir waren nicht immer einer Meinung, aber unser Ziel verfolgten wir mit den gleichen Mitteln. Interessant wurde es immer dann, wenn es hieß: Es sollen größere Probleme auf der Anlage gelöst werden - Keiner konnte uns sagen, wie es gemacht werden sollte. Da wir beide von Haus aus sehr bodenständig waren, lösten wir auf der kreativen Arbeitsbühne das Problem rustikal. Wieder einmal hatten wir die Probleme, die von anderer Seite immer wieder herunter gespielt wurden, gelöst. Er war der bessere Erzähler von uns beiden. Neben unserer Arbeit kamen wir uns privat immer näher und genossen dabei sehr vergnügte Stunden Eine heitere Anekdote:

Das Vermessen der Betriebsanlage war zu dieser Zeit sehr aufwendig mit Baunivellier und Tachymeter. Für diese Aufgabe hatte ich einen jüngeren Kollegen und eine junge, attraktive Praktikantin an meiner Seite. Es war Winter, der äußere Fanggraben zugefroren und strenger Frost und hoher Schnee. Der junge Kollege hielt die 5m lange Messlatte, die Praktikantin schrieb das

Messprotokoll und ich bediente das Nivelliergerät. Dabei wies ich den Kollegen an, die Messlatte ruhiger zu halten und nicht so viel herum zu zappeln. Da er der jungen Dame imponieren wollte, grüßte er majestätisch und knallte dabei die Hacken zusammen. Dann beobachteten die Praktikantin und ich, wie der Kollege beim Grüßen turbomäßig die Böschung vom Fangegraben herunterrutschte und nur der rote Helm auf der Grabenoberkante liegen blieb....

Bei diesem Schauspiel fingen wir beide laut an zu lachen, wir konnten nicht mehr an uns halten. Selbstverständlich kümmerten wir beide uns um ihn.. Er hatte unten im Fangegraben das Eis durchbrochen und war klitschnass. An der Messlatte zogen wir ihn, Stück für Stück, die Böschung herauf und duschten ihn anschließend heiß ab. Bei dem ganzen Prozedere meckerte er uns auch noch an.... Ich nehme an, das Ganze war ihm doch ein bisschen peinlich geworden.

Im Grunde genommen war der "merkwürdige Kollege" ein ganz armer Kerl. Er ist Epileptiker und das allein schon war ein schweres Los.

Seine Ansichten waren ein wenig ungewöhnlich, so mochte er keine kleinen Kinder und auch keine Ausländer. Hier müsste die Kette der Sympathien über ihn eigentlich gerissen sein. Aber auch er hatte ein weiteres Schicksal. Seine Kindheit verbrachte er zusammen mit seiner Großmutter, die alles andere als herzlich und gutmütig war. Nach Feierabend hörte ich mir oft seine Geschichten an, dabei ließ er kein schlechtes Wort über seine Großmutter zu. Ob Sie es glauben oder nicht, liebe Leserinnen und Leser, ich hörte ihm gerne zu... Er erzählte über sein kleines begrenztes Leben, freute sich über ganz andere Dinge und im Grunde genommen war er harmlos.

Irgendjemand hatte ihm erzählt, wie wichtig es sei, eine klare Stellung zu beziehen, was Kinder und Ausländer angeht...... Ich habe versucht, ihm zu erklären, wie man menschlich miteinander umgeht, aber hier war "Hopfen und Malz" verloren. Und je mehr ich über ihn nachdenke und versuche mit meiner eigenen Krankheit zu vergleichen, desto mehr komme ich zu dem Schluss, dass ich nie mit ihm tauschen würde.

Bei mehreren Anfällen war ich zugegen und habe ihm geholfen, es war traurig und trostlos.

Die Arbeit war meine zweite Heimat: Im Eingangsbereich kam einem schon der wunderbar kräftige Geruch von der ersten Produktionsstätte entgegen. Das Gebell und Gekreische vom Tierheim (Nachbarn) war einem mittlerweile sehr vertraut, ebenso wie das gewohnte Bild der LKWs und der Baumaschinen vor der Werkzeughalle. Morgens gab es als erstes die Begrüßung mit meinem Stellvertreter und der Smalltalk über den Vortag, sportliche und politische Ereignisse, sowie die auszuführenden Arbeitseinsätze. Aber morgens erfolgten auch schon die ersten Negativmeldungen über z.B. Baumaschinenausfälle, Personalausfall, eine brisante Anlieferung, eine Umsteuerung der Güter vom Nachbarbetriebswerk zu uns, Brand, kurzfristige Teilnahme an irgendwelchen Besprechungen, Bauleitertätigkeit für eine Baumaßnahme (wenn irgendetwas nicht lief, wurde ich angerufen) und hinzu kam noch meine eigentliche Aufgabe auf der Anlage: Die Zahlen und die Kostenverfolgung und auf allen

anderen Anlagen unserer Firma, die bauliche In-
standsetzung und Wartung aller baulichen Objekte. Die Aufgaben waren alle sehr interessant,
doch der Tag hatte nur 24 Stunden.

Zurück zu meinem Stellvertreter - Ich musste oft
schnell und unverhofft das Betriebsgelände verlassen, um die vorgenannten Dinge zu erledigen.
Dabei konnte ich mich voll und ganz auf ihn verlassen, er erledigte alles zu meiner vollsten Zu-
friedenheit. Auch menschlich hatte ich in ihm einen echten Freund gefunden, hier spielte das
blinde Vertrauen eine große Rolle.

Eine führende Position kann man nur dann voll ausgestalten, wenn die eigenen Mitarbeiter und engsten Vertrauten an einem Strang mitziehen. Dann erledigt sich nicht nur die Arbeit von alleine, sondern die Psyche bleibt unbelastet. Hier bei mir war das ein Idealzustand in der Firma. Ich habe die Erfahrung gemacht, dass man bei der Chemie jedes einzelnen von uns, schon Einfluss nehmen kann. Es ist ein langer steiniger Weg.... aber es lohnt sich.

Eines Morgens, gleich nach der Baubesprechung, holte ich noch Pläne aus meinem Büro.... mir wurde schwarz vor Augen, ich brach zusammen und blieb liegen. Den Vorfall bekam niemand mit. Ich schwieg, aber zu Hause erzählte ich meiner Freundin von dem Ereignis.

Sie ließ nicht locker und ich begab mich zu meinem Hausarzt, der wiederum überwies mich zum Psychiater.

Dies wiederum sollte einen Glücksfall für mich bedeuten, ich gelangte per Zufall zu einer Koryphäe. Dr. Scherff, Bruder des Oberbürgermeisters der Stadt Bremen.

Er stellte sich vor (Erscheinung ca. 2m groß), ausgeprägt markanter Kopf, mit kurzer, knapper, treffender Aussagekraft über Anamnese und Diagnose. Nachdem er meine Geschichte gehört hatte, stellte er mir die Frage: Was würden Sie sich momentan am meisten wünschen? Antwort von mir: Eine einsame Insel für mich und meine Freundin. Das könne er nicht ganz erfüllen, für mich könnte eine REHA-Maßnahme in Frage kommen.

Dies war im Jahre 1991 die erste psychosomatische Kuranwendung. Meine Freundin und meine Mutter, meine Schwester und mein Schwager, sowie etliche Freunde und Arbeitskollegen standen zu mir. Die erste Woche der Anwendung war die Schwerste, es wurde Kontakt sperre verhängt, das heißt, keinen Kontakt mit der Außenwelt. Was dies zu bedeuten hatte, merkte ich eine Woche später Ich nannte sie nachher die "Entblätterungsphase". Wir Patienten waren alle darauf angewiesen, miteinander zu kommunizieren, insbesondere dann, wenn jemand etwas mitteilen wollte.... auch bei prekären Fällen.

An einem der ersten Tage während der Kur, hatte ich gleich ein bedeutendes Ereignis: Ich setzte mich zu einer Mitpatientin auf eine Bank in den Park.
Wir erzählten uns gegenseitig Geschichten aus unserem Leben und diskutierten dabei über Philosophie und deren Bedeutung.

Begonnen haben wir mit der Unterhaltung gleich nach dem Frühstück. Es kam Mittag, wir aßen auf der Bank im Freien. Es kam Abendbrot, wir aßen auf der Bank im Freien..... Gegen Abend veränderte sie auf einmal ihr Gesicht, sie fing so bitterlich an zu weinen, dass ich Angst hatte, sie kriege sich überhaupt nicht wieder ein. Ich nahm sie in den Arm und sie sagte zu mir: "Ich glaube, dass ich es dir erzählen kann", dabei schluchzte sie und ich fragte "Was denn" - Sie darauf: "Ich bin mit 5 Jahren das erste Mal von meinem Vater misshandelt worden." Ich wusste nicht, wie ich darauf reagieren sollte. Dann nahm ich instinktiv ihre Hand führte sie in die Rezeption der Klinik. Eine der Therapeutinnen kam auf uns zu und ich erzählte ihr in kurzen Sätzen von dem Erlebten. Die Therapeutin, mittlerweile selbst ganz aufgelöst, sagte zu mir: "Seit 12 Jahren therapieren wir sie und heute ist ihr Tag". Ich habe die Frau 2 Tage nicht gesehen, dann kam sie aus dem Haupttor, mir entgegen mit offenen Armen und einer herzlichen Begrüßung, unsere Gruppe im Schlepptau.

Wir feierten und sie benahm sich, als wäre sie neu geboren. Zusätzlich war die Kontaktwoche vorbei, alle Emotionen wurden abgeschüttelt und die Tränen liefen uns über die Wangen. Spätestens jetzt wussten alle, was sie von dieser Kontaktsperre zu halten hatten.

Während der Kur freundete ich mich mit einem Abteilungsleiter von einem Automobilhersteller an, der ebenfalls Patient der Klinik war. Wenn er die Treppen hochlief, hatte er das Gefühl, dass

immer eine Maschine neben ihm lief. Die Therapeuten waren bei ihm auch schon ca. 8 Jahre dabei, aber hier tat sich wenig.

**Die Kardinalfrage lautet fast immer: "Was mei-
nen die Ärzte und Therapeuten denn, wie lange
hast du noch damit zu tun?" (Das ist die rhetori-
sche Frage der Angehörigen von psychisch Kranken.) Wenn ich eine offene Schnittwunde von
ca. 15 cm Länge habe, so lautet die Antwort:
Heilprozess 4-6 Wochen. Bei psychosomatischen Erkrankungen jedoch dauert der Hei-
lungsprozess unter Umständen lebenslang, temporär mal besser, mal schlechter.**

Die Frau und die Tochter des Abteilungsleiters
kamen regelmäßig zu Besuch. Das Ehepaar lebte
mittlerweile getrennt, aber die Frau erkundigte
sich fortwährend nach dem Gesundheitszustand
ihres Mannes. Ich sollte, auf Bitten des Paares,
bei der Unterhaltung mit anwesend sein. Ich
muss zugeben, das war mir sehr unangenehm.
Nach einer Weile nahm die Frau mich an der

Hand, unter Zustimmung ihres Mannes und zog mich zu einer Bank.

Sie sagte zu mir "Sie erwecken den Eindruck, als würden Sie die Menschen verstehen, ich würde Ihnen gern etwas erzählen." Ich wusste zwar nicht, woraus sie entnahm, dass ich etwas verstehen würde im Zusammenhang mit Menschen, bot mich aber an ihr zuzuhören. Sie erzählte von ihrem Mann, von der Zeit, in der er sich total verändert hätte und sie und ihre Tochter nicht länger mit ihm zusammenleben konnten. Sie liebte ihn noch immer und wollte ihn nicht aufgeben. Nun sollte ich ihr etwas über ihren Mann erzählen, an den Therapeuten vorbei. Ich sagte ihr, dass jeder der hier ist, sehr krank ist und ich es nicht unbedingt für ratsam hielt über einen Menschen zu reden, den ich noch nicht einmal richtig kannte. Ihr Mann aber nickte uns zu, ich hatte das Gefühl, dass die Frau eine neutrale Aussage benötigte. Nun hatte ich mich entschieden, über meine Erlebnisse mit psychisch Kranken und deren Ursachen zu reden.

Bei ihrem Mann gab es eine Parallele zu meiner Person. Im Beruf hatten wir beide hohe Verantwortung und gebrauchten **nie** das Wort **nein**, wenn es um irgendeine zusätzliche Arbeit ging. Ich sagte ihr weiter "wie lange es dauert, bis in irgendeiner Form Linderung eintritt, hängt von vielen Faktoren ab." Wenn sie ihren Mann zeitlich unter Druck setzen würde, gelänge es gar nicht.

Es ist für Angehörige sehr schwer nachzuvollziehen, dass der Heilprozess bei psychisch Kranken so langwierig ist.. Dann gibt es wieder Phasen, in denen man gemeinsam plant und sehr harmonisch lebt, aber immer nur temporär... Hierbei entstehen oft die Trennungen der Ehepaare..... Sonst gilt auch für mich das Versprechen "in guten wie in schlechten Jahren". Ich habe jedoch aus eigener Erfahrung (mit meiner Frau), Beziehungs- dauer ca. 26 Jahre, vernommen, dass die depressiven Verstimmungen sehr auf die Stimmung des Partners einwirken....... Ich hätte mich nicht wundern müssen, wenn sie mich aufgrund dessen irgendwann verlassen hätte.

Die Frau meinte zum Schluss der Unterredung, sie hätte schon lang nichtmehr so intensiv mit jemandem geredet, sie bedankte sich und entschied noch mehr Geduld und Liebe in ihr gemeinsames Vorhaben zu investieren. Ich sagte ihr, einen vertrauensvolleren Beweis der Zuneigung würde es nicht geben und für dieses Durchhaltevermögen gibt es bestimmt eine Belohnung. Die schönste Zeit in der Klinik war dann, wenn unsere Gruppe sich zu "internen" Gesprächen zusammensetzte. Hier schafften wir den Durchbruch bei 2 Personen, die sonst zu hundert Prozent enthaltsam und mitteilungslos waren. Und hier war das Wundersame, sie kannten beispielsweise den schwarzen Humor.

Ich empfehle allen, bei denen es noch keinen Durchbruch oder ein Stück Weiterkommen in ihrer Krankheit gegeben hat, versuchen Sie immer wieder auf vielfache Art dem schwarzen Humor oder ähnlicher Comedy beizukommen.
.... Ich weiß, der hat gut reden, wenn nichts geht, geht nichts.......
Und ich bin kein Klugsch*****.
Nicht aufgeben, es lohnt sich immer.... .....Ich war und bin bestimmt einer der schwierigsten Fälle, wenn es um Humor geht, aber ich habe verstanden, dass, genau wie beim Sex, nur Botenstoffe transportiert werden, wenn ein emotionaler Vorgang der Vorbote war....

Eine weitere positive Erscheinung war die Sportstunde, dabei entschied ich mich für Volleyball.

Es kamen hierbei die Patienten zusammen, die aus Gründen wie Depressionen, Alkoholsucht, Drogensucht, Bulimie, o.Ä. ihre Krankheit behandelten.

Das Wichtigste dabei vorweg: Wir alle hatten jede Stunde einen Riesenspaß und vergaßen dabei nie, uns aufs Neue zu verabreden. Ich hatte mich für den nächsten Tag mit einem Drogensüchtigen verabredet. Zu der verabredeten Zeit erschien ich vor seiner Tür, klopfte, aber niemand öffnete. Sein Zimmernachbar erschien und sagte mir, dass mein Sportkollege, immer wenn er gut drauf war, am nächsten Tag schwer leiden musste.

Er litt unter dem Entzug und kam mit der "Ersatzdroge" nur schwer klar. Dann öffnete der Nachbar leise die Zimmertür und da saß der "Sportsmann", von uns allen der beste Spieler. Er kauerte auf einem Stuhl, das Gesicht aschfahl und leise vor sich hin wimmernd. Somit konnte ich mir mein Urteil über Drogen bilden. "Tolle Menschen, die auf Abwege gekommen sind."

Ich hatte einen ebenso netten Zimmergenossen. Vom ersten Tage an verstanden wir uns auf Anhieb gut. Wir führten viele gemeinsame Gespräche über Gott und die Welt. Alles war in Ord-

nung.... glaubte ich, aber dann, teilte er mir über-
raschender Weise ein paar Details mit: Er lebte
von seiner Frau und seinen 5 Kindern getrennt, er
verstand die Welt nicht mehr, er würde seine Familie doch so sehr lieben,
er wäre so enttäuscht.......

**immer wieder sagte er zu mir "Siggi, ich halte
das nicht mehr aus......"**

Mit dieser Botschaft ging ich zu unseren Therapeuten. "Du machst das gut, du bist seine Bezugs-
person, du berichtest uns." Ich fiel aus allen Wol-
ken. "Lasst mich bitte nicht allein mit ihm, er
braucht professionelle Hilfe."

"Ihr seid eine ganz tolle Truppe, das wird schon".
Zu meinem Zimmergenossen gesellten sich dann
aber noch 2 Bulimiemädchen, 18 und 19. Sie hatten eine wirklich schwere Zeit hinter sich und
brauchten unbedingt Zuspruch und ein paar gute
Zuhörer. Die beiden fanden uns beide ganz toll.
Super, dachte ich, einmal in meinem Leben
wollte ich egoistisch sein und was für mich tun...

In einem Einzelgespräch versuchte mein Therapeut mich zu beruhigen, ich sei auf einem guten
Weg. Am nächsten Tag verabredeten wir uns mit

den beiden Bulimiemädchen und noch 2 weiteren Mitpatienten für einen Stadtbesuch (Innenstadt Bremen). Beim Kauf von CDs hatten wir viel Spaß, hörten gegenseitig die Musik vom anderen und genossen die Zeit.

Ich kaufte noch ein paar Schreibutensilien und Briefdokumente, denn ich wollte meiner Freundin heute unbedingt schreiben.

.....Aber dazu kam es nicht. Als ich auf mein Zimmer ging, lag mein Zimmernachbar röchelnd in seinem Bett, eine Riesenblutlache auf dem Laken..... Sofort rief ich um Hilfe... nach ein paar Minuten kam ein Ärzteteam, sie belebten ihn wieder und nahmen ihn mit (Vermutung von mir:) zur Isolierstation mit Intensivbetreuung.

Das war so ziemlich das Schlimmste, was ich in der ganzen Zeit miterlebte. Nach einer knappen Woche kam er wieder zu mir, die Gruppe weinte miteinander und wir waren alle um ihn zu. Ich fragte abends, als wir zu Bett gingen, ob er reden möchte. Er sagte: "Siggi, du weißt was los ist, tu mir bitte einen Gefallen und lass mich in Ruhe, bis ich sage, jetzt wollen wir beide reden." So ging das 4 Wochen zwischen uns, aber wir haben uns immer sehr gut verstanden. Dann hatte ich eines Tages das Gefühl, dass alle Mitpatienten ausgeflogen wären und ich beschloss ein paar einsame Runden um den Sportplatz zu drehen.

Beim Laufen schossen mir einige Dinge durch den Kopf:
Wieder einmal war ich meiner Freundin unaufmerksam gegenüber und hatte vergessen ihr zu schreiben. Bei ihr hatte ich gelernt, was es bedeutet in einer Freundschaft verlässlich zu sein. Auch meinen Freunden könnte ich mal wieder schreiben, gleich nach dem Laufen wollte ich alles erledigen. Es war mittlerweile schon dunkel geworden - "Jetzt nur noch duschen und dann zum Abendbrot", dachte ich... Ich betrat unser Zimmer und beim Betreten kam mir aus Richtung Waschbecken ein Glitzern entgegen....... ich sah meinen Zimmergenossen und schoss instinktiv in seine Richtung auf ihn zu, sah eine Art Messer oder Klinge, nahm ihm das Teil aus der Hand und schleuderte ihn aufs Bett. Er krümmte sich zusammen wie ein Wurm und sah ganz blass aus.

Als er halbwegs wieder ansprechbar war, flehte er mich an, niemandem von dem Vorfall zu erzählen. "Ich kann den Vorfall nicht verschweigen, du brauchst professionelle Hilfe." "Siggi, bleib bei mir, ich werde versuchen, dir einiges zu erzählen." Von den anderen Mitpatienten und vom Therapeutenteam wusste ich, wie schwer mein Kumpel sich "entblätterte". Nun hatte ich mir folgende Strategie zurecht gelegt:

1. Den Therapeuten aufzusuchen, dem ich am meisten vertraute und ihm alles zu erzählen.

2. Im Moment der beste Zuhörer für meinen Kumpel zu sein und dabei nicht von seiner Seite weichen.

Er fing an zu erzählen und wimmerte dabei ganz leise - " Das größte Problem, was ich habe, ist meine Frau. Sie hört mir einfach nicht mehr zu und ich glaube auch, dass sie mittlerweile einen anderen hat. Die Kinder lieben mich, das Gleiche gebe ich zurück, aber sie benutzt die Kinder als Waffe gegen mich, indem ich sie nicht mehr sehen soll."

Siggi, ich halte es nicht mehr aus, bitte hilf mir....."

Anmerkung: Aus meiner Sicht und Erfahrung sind Liebesentzug und Nichtbeachtung ganz eindeutig die Merkmale, um einen angeschlagenen psychisch Kranken gänzlich ins Aus zu schießen!!!!

Ich kannte in diesem Fall nur die Aussage von meinem Kumpel, die Beweggründe seiner Frau kannte ich gar nicht...... ich wollte aber in keinem Fall wieder Dr. Kitekat sein..... Mein Kumpel aber ließ nicht locker und sagte mir, dass er sich mit seiner Frau zu einem "abschließenden Gespräch" an einem neutralen Ort treffen wollte. Er hätte ihr dabei vorgeschlagen eine neutrale Person mitzubringen, so dass er nicht untergebuttert werden könne. Da ich wusste, was er vorhatte, sagte ich ihm, dass ich als diese Person nicht zur Verfügung stünde: "Das ist mir zu intim, es geht nur euch beide etwas an." Er bedauerte es sehr und sagte weiter zu mir "Du hast einmal zu mir gesagt 'gib bitte nie auf' und ich werde dir zeigen, dass ich doch noch kämpfen kann." Ich dachte

'Gerade noch das Ende - und nun doch weiter.'
Woher nahm er diese Kräfte?

Nachdem ich meinen Kumpel darüber informierte, zu unserem gemeinsamen Therapeuten zu gehen, um Mitteilung über die Geschehnisse zu machen, hielt er mich am Arm und sagte "Dir kann ich nicht böse sein, du hast mich verstanden." Ich versprach ihm, die richtigen Worte zu finden.

1 Woche verbrachte er unter Aufsicht.....

Irgendwie war ich beim Lesen um die Mittagszeit eingenickt. Es klopfte jemand an der Tür, eine junge Ärztin trat herein und bat mich, mit ihr zum Telefon zu kommen (Handys gab es noch nicht). ..... Ich nahm das Ende des Hörers und hörte eine Frau sprechen "Mein Mann hat mir von Ihnen erzählt und ich würde es ebenfalls sehr begrüßen, wenn Sie an unserem Gespräch teilnehmen würden, wir sitzen gleich nebenan im Besucherzimmer." Ich war noch ein bisschen verpeilt von meinem Nickerchen, aber irgendwie hatte ich das

Gefühl, dass ich gebraucht werde und so sagte ich der Frau von meinem Zimmernachbarn zu.

Als ich das Zimmer betrat, herrschte eine verdächtige Ruhe......
Wir stellten uns gegenseitig vor und sie bat mich um äußerste Diskretion und Neutralität. Im Verlaufe des Gespräches bemerkte ich, dass ich eine hoch intelligente Frau vor mir hatte, die es verstand, jede Person in die richtige Position zu rücken. Überhaupt übernahm sie die Initiative, ihre gemeinsamen Eheprobleme zu schildern. Ich fragte nach, warum sie so viel Vertrauen zu mir hätte. Die Antwort darauf "Wenn mein Mann mir eine heikle Situation mit den entsprechenden Umständen erklärt, so vertraue ich ihm."
Dabei dachte ich nur 'hatte mein Kollege mir nicht gesagt, sie hört ihm gar nicht mehr zu?'

Sie stellte das Problem bei den beiden als "hausgemacht" dar, er würde aus jeder Mücke einen Elefanten machen und das wäre der Grund, warum sie "die Schnauze voll hätte". Darauf sagte mein Kollege zu ihr "Du sagst mir doch schon lange nicht mehr, was dir nicht gefällt und bist zu keinem Gespräch bereit." Sie zuckte die Achseln und tat so, als ob er schon verstanden hätte.

Nachdem eine Weile gar nichts gesagt wurde, stellte sie mir sehr energisch die Frage "Oder wie läuft das zwischen Ihnen und Ihrer Freundin, wird da auch jedes Wort auf die Goldwaage gelegt?"

Ich entgegnete ihr "Da ich Sie für eine sehr intelligente Frau halte, wundert es mich doch um so mehr, dass Ihr Mann sich etwas antat, um klarzustellen was auf die Goldwaage gehört." Mein Kumpel wurde ganz ruhig und ging aus dem Zimmer......

Sie begriff sofort und sagte "Das müssen Sie mir glauben, das hat er mir nicht erzählt." Trotz dieser Erkenntnis sagte sie zu mir, dass sie nicht in der Lage wäre, die Situation zu deeskalieren, ob mir nicht ein Rat dazu einfallen würde. "Das Einzige, was mir dazu einfällt, ist eine Paartherapie. Ich würde mich mit den Therapeuten vor Ort unterhalten."

Da ich wusste, wie sehr er unter dem Entzug von seiner Frau litt, sagte ich zu ihr "Ich glaube, ich kenne Ihren Mann schon etwas besser, er braucht Sie jetzt." Dann kamen ihr doch die Tränen, sie bedankte sich und bestätigte mir das gute Verhältnis zwischen ihrem Mann und meiner Person.

Anmerkung: Nicht jeder psychisch Kranke geht mit seiner Krankheit den nächsten Angehörigen und Freunden gegenüber offen um, oft dauert es Jahre, bevor man sich "outet", von beiden Seiten wird hier sehr viel Verständnis benötigt. Oftmals (subjektives Empfinden von mir) bedeutet die offene Aussprache, mit den dazugehörigen Emotionen, die halbe Miete für eine Klärung.

Nach einer weiteren Woche brach mein Kumpel seine Kur ab, leider gab es dazu kein intensives Gespräch mehr zwischen uns......
Ich habe lange gegrübelt, ob es vielleicht meine Aussage mit dem Suizid, gegenüber seiner Frau, war.

Es hat viele Versuche gegeben, eine Antwort zu bekommen... aber ich bekam keine, vielleicht war ich zu ehrlich und das sollte ich ja beiden gegenüber sein. Der Abschied von der "Insel" stand auch mir kurz bevor......... Ich hatte viele tolle Menschen kennengelernt und mir wurde auch hier wieder bewusst:

Für mich ist der Mensch das Größte..... Jeder hat es verdient, dass ihm mit Respekt begegnet wird, jeder hat das Recht auf Zuneigung, so habe ich mir vorgenommen, nach links und rechts zu schauen und meinen Mitmenschen gegenüber, soweit es geht behilflich und human zu sein. Dies ist zwar nicht immer leicht, aber ungemein wichtig für mich.

Der Lebensabschnitt Kur war für meine Freundin und mich eine echte Bewährungsprobe, wobei meine Freundin schon frühzeitig meine Krankheit präsentiert bekam.

Heimlich planten wir beide unser erstes Kind, es kam im August 1992 zur Welt und ist ein Junge mit dem Namen Dirk. Meine Frau bestand darauf, dass ich bei der Geburt anwesend wäre. Nach 16 Stunden im Kreissaal kam Dirk mit "Zange und Glocke" zur Welt. Für mich war die Geburt unseres Sohnes (und später die der Tochter) das größte und schönste Ereignis auf der Welt.... ... Ihm in den ersten Minuten seines Lebens in die Augen zu gucken, ihn auf dem Arm zu halten....dieses neue phantastische Wesen....Ich war stolz und zufrieden...

Für mich wäre es einmal sehr aufregend zu erforschen: Mit welcher Maßeinheit und Methode ist es möglich, die Anzahl der emotionalen Botenstoffe zu bestimmen, wenn man bei einer Geburt anwesend ist?

Ich habe dabei aber auch die andere Seite kennengelernt: Wir Männer sind nicht alle gleich gestrickt, einigen macht es nichts aus, wenn sie ihre Frau mal unpässlich, wie ein gequältes Tier daliegend, sehen.... und sie können schnell wieder zurück in den Alltag. Das war bei mir anders: Ich musste mich schon sehr zusammenreißen, als ich sah, was man mit meiner Frau machte und wie die Geburt mit Zange und Glocke eingeleitet wurde (das habe ich ihr nie gesagt)....
Hätte ich ihr sagen sollen "ich kann das nicht.. ich lass dich alleine..." Aber genau das hat sie mir danach gesagt "Zwingen konnte ich dich nicht" Ja, was heißt das schon? Mir war ganz ehrlich gesagt der Spaß am Sex für einige Wochen vergangen.

Unser Familienbauvorhaben begann mit den Fundamenten im Februar des gleichen Jahres. Im April waren unsere Hochzeit und das Richtfest und im Oktober der Einzug. Wir, mit unserer jungen Familie, wohnten oben und meine Mutter hatte in den unteren Räumen ihr Reich. Meine Frau und meine Mutter wurden ganz dicke Freunde. Als unser Sohn laufen und reden konnte, holte er am Wochenende seine Oma zum Frühstück zu uns.

Meine Mutter sagte später "Ich freue mich, dass ich so eine nette Schwiegertochter und Enkel kennenlernen darf, ich bin gerne bei euch und genieße es sehr." Wenn sie nur das Gefühl hatte, dass irgendetwas nicht stimmte in unserem obigen Abschnitt, so wollte sie nicht stören und sagte ab. Wir nahmen sie auch mit zu einem Kurztrip in den Harz, sie war überglücklich. Ich hatte das Gefühl einem Menschen etwas zu geben, der mir so viel Wärme und Geborgenheit gegeben hatte.

Jetzt war der Zenit in meinem Leben erreicht. Ich hatte eine intakte Familie, ein Zuhause, einen tollen Job und merkte wie wohl das Ganze auf meine Psyche wirkte.......

Etwas in meinem Leben wirkte irritierend bis störend: Es war mein direkter Vorgesetzter auf der Arbeit...... Nachdem ich auf einer anderen Anlage den Betrieb leiten sollte, fuhr mein direkter Vorgesetzter mich hin, um mich vorzustellen. Auf dem Weg dorthin brabbelte er mich voll mit Sprüchen wie: "Auf dem neuen Klavier müssen Sie erst einmal spielen können" und "hier weht ein anderer Wind"....

Das passte zu dem, was ich bereits von meinen Kollegen gehört hatte. Er war nicht einverstanden, dass der Chef mich zum Betriebsleiter bestellt hatte, er hatte selbst ein eigenes Eisen im Feuer, einen anderen Kollegen. Das sollte ich jeden Tag zu spüren bekommen. Was hier an Unsachlichkeit und Halbwissen von einem Vorgesetzten zum Vorschein kam, war nicht mehr zum Aushalten. Und das Schlimmste war, von moderner Menschenführung verstand er rein gar nichts.

Ich musste das Beste aus dieser Sache machen, an meinen Kollegen lag es nicht, sie waren jederzeit hilfsbereit. Oft arbeitete ich abends länger und auch an den Wochenenden. Die Arbeit machte mir Spaß, das merkte auch unser Chef, bei dem ich wiederum einen Stein im Brett hatte.

Wenn der Tag mich bisher mit meiner Arbeit erfüllte und ich zufrieden war, so kam ganz unverhofft ein Anruf und sinngemäß die Aufforderung, auch an die Sachen zu denke, an die sonst noch niemand gedacht hatte, gepaart mit der Frage, ob ich meine Arbeit schon fertig hätte. So peitschte er mich jeden Tag an....

Ich machte mir schon Gedanken über meine Existenz und fragte meine Kollegen, ob sie das Gefühl hätten, dass ich destruktiv und zu langsam arbeiten würde.... Sie sagten mir, dass ich zu viele Aufgaben auf einmal und sofort fertighaben wolle. Daraufhin bat ich meinen Vorgesetzten um ein Gespräch unter vier Augen. Er war sehr verwundert und fragte mich, was denn so wichtig sei, dass ich ihn unter vier Augen sprechen möchte. Ich warf ihm vor, dass er mir gegenüber unsachlich sei und nicht unvoreingenommen meinen Arbeitseinsatz beurteile. Er schäumte und wurde richtig laut mit der Bemerkung "Stellen Sie sich bloß nicht so an, ich kann noch ganz anders...."

Hier habe ich gedacht 'Das geht so nicht weiter', so respektlos und menschenverachtend.....

Meine therapeutische Behandlung geht nun schon ca. 26 Jahre, kürzlich ist auch hier festgestellt worden, nachdem ich mich hierzu geäußert hatte, dass die Attacken meines Vorgesetzten gegen mich, wie Mobbing wirkten..........

Individuell ist jeder Mensch anders gestrickt, vielleicht war ich wirklich zu weich????

Seit der Kur waren ca. 4 Jahre vergangen, es war das Jahr 1995, die Arbeit wurde nicht weniger..... irgendwie hatte ich das Gefühl, es lasteten Berge auf mir....

Nach einer unruhigen Woche (kaum Schlaf), hatte ich erneut einen Nerven- zusammenbruch, dieses Mal konnte ich mich kaum beruhigen.... Erst eine Spritze brachte Erleichterung. Der behandelnde Arzt schrieb mich krank, auch mein Internist war im Bilde über meine Erkrankung. Mein Chef wollte mich sprechen... Zu der unruhigen Disharmonie kamen nun wieder Existenzängste um meinen Arbeitsplatz. Mein Herz raste unkontrolliert, ich wusste nicht was kommen würde.... Mein Chef bat mich freundlich herein, das hatte noch nichts zu sagen.

"Nun erzählen Sie mir mal, was denn eigentlich genau passiert ist." Ich erzählte ihm von den unruhigen, schweißgebadeten Nächten, von der Medizin, die ich einnehmen musste...... aber den eigentlichen Grund verschwieg ich. Dann fragte er mich, wie ich mich an meinem neuen Arbeitsplatz mit dem neuen Umfeld fühlte. Daraufhin teilte ich ihm mit, dass mir die Arbeit sehr viel Spaß machen würde, der Berg an Arbeit aber so groß wäre, dass ich kaum noch drüber hinweg gucken könnte. Der Chef dachte nach und entschied sich "Kommen Sie dann wieder, wenn Sie fit sind." Mittlerweile gab es meine vertraute Psychotherapeutin nicht mehr, ich musste mir einen neuen Therapeuten suchen......Erneut die ganze Lebensgeschichte mit den negativen Fallbeispielen berichten..... wieder gucken, ob zwischen dem Arzt und mir die Chemie stimmt.

Aber der Arzt war nicht so wichtig, die Therapeutin um so mehr..... Und die Chemie stimmte.

An ein Thema rückte die Therapeutin immer näher heran....Jedes Mal fragte sie "Wer in Ihrer Familie ist oder war Ihnen wichtig?" - Hundertmal hatte ich diese Frage bestimmt gehört und bis auf meinen Vater immer alle genannt. In der nächsten Sitzung ging es um meinen Sohn, der fragte, wo sein Opa denn jetzt sei....... Ich sagte ihm, dass Opa so krank war, dass Gott ihn zu sich in den Himmel genommen hatte. Dann fragte die Therapeuten mich wieder, nachdem ich ihr die Geschichte mit meinem Sohn erzählt hatte, "Herr Wohltmann, nach der Episode mit Ihrem Sohn, wer in Ihrer Familie ist oder war Ihnen wichtig?" Ich saß eine ganze Zeit lang da und überlegte, dann fingen nach langer Zeit die Tränen wieder an zu laufen....... Die Therapeutin forderte mich dazu auf, dass ich mich auf der Liege hinlegen solle....... Dazu kam es nicht, ich verlor kurzzeitig das Bewusstsein, aber ca. 1 Stunde später hatte ich das Gefühl, als würde sich etwas krampfartig in meinem Innersten lösen

Meine Therapeutin hatte eines meiner Hauptprobleme gelöst...... Ich hatte nie Abschied von meinem Vater genommen.

Ich habe mit meinem Vater immer öfter, beispielsweise in der Werkstatt, gesprochen, obwohl er kein Mal anwesend war.

Ab sofort ging ich mit meinem Sohn, oder alleine, zu dem Grab meines Vaters. Dabei hatte ich das Gefühl ich müsse ihm unbedingt noch sagen, dass alles in Ordnung ist und er sich keine Sorgen machen muss.

Die Ärzte rieten mir zu einer Kur. Da mein Chef mir so lange frei gab, bis ich wieder fit war, schlug ich die Kur aus und war der Meinung (da ich ein schlechtes Gewissen hatte), dass ich zumindest wieder Fragen beantworten konnte, die meinen Kollegen auf den Nägeln brannten. Meiner Therapeutin gefiel das gar nicht und sie meinte, dass ich mich zu diesem Zeitpunkt falsch einschätzen würde, was meinen Gesundheitszustand anging........ So hatte ich sie noch nicht erlebt (ich hatte den Eindruck, dass sie gern noch mehr dazu gesagt hätte)...... Bei der nächsten Sitzung wurde einiges viel klarer beleuchtet: Die Therapeutin tat so, als wenn sie zeitlich noch einmal zurück ginge und fragte mich, ob mir irgendetwas aufgefallen wäre, zwischen dem Arbeitsplatz damals und heute, was meine Vorgesetzten anginge....

Wieder einmal stieg innere Hitze bei mir auf und ich merkte, wie die Angst und innere Unruhe in mir kämpften. Dies bemerkte die Therapeutin und sagte "Nehmen Sie die Frage mit zur nächsten Stunde und überlegen Sie und lassen dabei Ihren Arbeitsalltag mal an sich vorüberziehen." Ich war noch nicht ganz draußen, da hörte ich schon in meinem Inneren die Stimme meines Vorgesetzten.....

Da ich zur nächsten Sitzung schon sehr pünktlich da war, überlegte ich mir, was ich der Therapeutin erzählen wollte. Zu Beginn der Sitzung ließen wir Revue passieren und erinnerten uns an die letzten 14 Tage.. Dann wollte ich gerade loslegen über das, was mir am meisten am Herzen lag lag, aber es versagte mir die Stimme. Dabei hatte ich sehr heftiges Herzklopfen und das Gefühl, wenn ich es sage, werde ich von irgendeiner Seite bestraft. "Herr Wohltmann, alles in Ordnung?" ....Jetzt oder nie..... "Nein".. Ich erzählte ihr wie vom Fließband alles, was ich über meinen Vorgesetzten und meiner Person wusste und hatte kurzzeitig das Gefühl, mir bliebe die Luft weg.. Die Therapeutin nahm mich bei der Hand und sagte "lehnen Sie sich zurück und versuchen Sie, so weit es geht zu entspannen, sagen Sie nichts." Sie ließ mich zwar alleine, um den nächsten Patienten zu behandeln, schaute aber immer wieder rein. Nach einer gefühlten Sunde, fragte sie mich noch einmal, ob ich in Ordnung wäre.... Dann sollte ich nach Hause fahren und da ich die kognitive Entspannung als einzige Methode als angenehm empfand, gab sie mir noch eine Musik-CD mit.

Als ich zu Hause war, kochte ich mir noch einen beruhigenden Tee, war aber die ganze Zeit noch aufgedreht und es brauchte ca. 1 Stunde und 1 Tranxilium, bis ich zur Ruhe kam. Dann machte ich die CD an, schloss die Augen und schlief tatsächlich ein- das war bei mir ein Wunder. Wieder eine Sitzung weiter, fragte meine Therapeutin mich "Was meinen Sie, was Sie tun können, damit es Ihnen in der beruflichen Situation bessergeht, außer der Medizin, die Sie unkontrolliert nehmen?" Ehrlich gesagt, fiel mir hierzu gar nichts ein... Sie ging zeitlich noch einmal zurück zu meinem ersten Kuraufenthalt und fragte mich nach einer Mitpatientin, der Dr. Heines eine wichtige Botschaft übergeben hatte, als ihr die Arbeit und Familie zu viel wurden. Ich erinnerte mich.... Dr. Heines sagte zur Mitpatientin

"Lernen Sie das Wort 'Nein' in Ihrem Vokabular zu benutzen, sonst gehen Sie unter....." Vielleicht war das auf meinen Fall nicht 1:1 übertragbar, aber meine Therapeutin riet mir, nicht allem bei der Arbeitsübertragung sofort zuzu-

stimmen und meinen Vorgesetzten davon zu unterrichten, dass ich mich in therapeutischer Behandlung befand.

Das stand mir mächtig vorm Kopf und ich konnte wochenlang an nichts anderes mehr denken.

"Es ist wichtig für Ihre Harmonie und Ihren Gesamtzustand, arbeiten Sie an sich und zeigen Sie ganz eindeutig, dass man nicht alles mit Ihnen machen kann." Jetzt, wo ich krank war, hatte ich die Möglichkeit mich in einem Rollenspiel darauf vorzubereiten... Wobei ich die Worst-Case-Situation nie außer Acht ließ, nämlich die Konsequenzen zu ziehen, dabei waren mir meine Gesundheit und die Verantwortung als Familienvater zu wichtig.

So nüchtern ich das Ganze auch sah, meine Angst blieb... Ich unterrichtete meinen direkten Vorgesetzten, dass ich in therapeutischer Behandlung war und nachmittags in der Woche ca. 2 x Therapiesitzungen hätte. Wie aus der Pistole geschossen kam dann die Frage, wie lange dieser Zustand anhalten würde... Darauf sagte ich ihm, dass man das vorher nie so genau sagen könne, die Krankheit selbst aber ein Leben lang. Ich hatte bei ihm das Gefühl, dass er, wenn er seinen Beitrag zu meiner Krankheit abgab, es nie ehrlich meinte. Für eine gewisse Zeit quälte er mich mit irgendwelchen belanglosen Details und persönlichen Affronts....

Mein Chef entschied sich dazu, mich zu entlasten, mit dem Hauptgedanken, dass ich mich mehr um die Bauleitung der Großbaustellen und weniger um die Betriebsleitung zu kümmern hatte. Die eigentliche Arbeit wurde dadurch nicht weniger, aber der direkte Kontakt mit der Behörde und der Öffentlichkeit fiel weg. Er machte das sehr geschickt, ordnete nicht an, sondern besprach es einvernehmlich mit mir. Für mich war es schon angenehm zu wissen, dass jemand aus der Führungsriege hinter mir stand.

Gerade bei psychosomatischen Problemen am Arbeitsplatz, reagiert die Führungsriege ganz unterschiedlich. Wichtig ist dabei, dass man immer eine Person vorfindet, die so kompetent und von der Menschenführung pädagogisch bewandert ist, dass sich ein Vertrauen zwischen Mitarbeiter und Chef aufbauen kann..... Das kann unter Umständen ein Prozess sein, bei dem beide Parteien sehr viel Zeit und Verständnis benötigen.... Keine Angst! Wenn man sich im Betrieb ein gewisses Profil, im Sinne der Geschäftsführung, erarbeitet hat, ist gerade dann bei dieser Krankheit die Akzeptanz umso größer. Also kämpfen lohnt sich in jedem FALL!

Ganz ehrlich... es kann nicht immer das Optimum dabei herausspringen, aber die Richtung, die aus harmonischen Gründen auch so wichtig ist, muss erreichbar sein, sonst hat es wirklich keinen Zeck und man muss sich, hinsichtlich des Arbeitsplatzes, umorientieren. Für mich stand aber auch fest, dass ich, wenn ich das Ganze wie eine neue Chance sehe, ohne Kompromisse nicht zurechtkommen könne, denn nur allein das Wort **nein** reichte nicht.

Ich lernte in meinem Berufsleben einen Kollegen kennen, der sehr herzlich, aufgeschlossen und sehr weltoffen war. Er kam aus der Schweiz, hatte seine beruflichen Erfahrungen als Ingenieur in Südamerika gemacht, mit dem Bau einer Hochseilbahn, mehrerer Müllverbrennungsanlagen und eines Kernkraftwerks. Seine Frau war Peruanerin (ihr Vater war General) und die beiden Kinder beherrschten, bedingt durch die vielen Baustellen des Vaters in verschiedenen Ländern, die peruanische, englische und deutsche Sprache. Ihre Reiseutensilien hatten sie per Container mit nach Bremerhaven gebracht. Ein Bungalow wurde auf Mietbasis gestellt. Meine Familie freundete sich ebenfalls mit seiner Familie an. Ich hatte das Gefühl, dass er sich unentwegt über seine beruflichen Erlebnisse unterhalten wollte, wenn ich in seiner Nähe war.

Das Angebot nahm ich dankend an und erfuhr dabei viele neue Techniken, die zum Teil noch über seine Firma pattentiert werden sollten. Hier war ein großes Vertrauen, das er mir entgegenbrachte. Er war zwar ein sehr gesellschaftlich orientierter Mensch, aber nach einigen Unterhaltungen ließ er mich wissen, dass er trotz seiner beruflich steilen Laufbahn oft sehr alleine war. "Ich meine nicht durch meine Familie, sondern bei beruflichen Entschei- dungsfindungen und dass ich auch jemanden brauche zum Reden, so wie wir zwei beide." Ich hatte ihn schon verstanden. Dann brachte er ein Beispiel.

Zu der Zeit, als er Bauleiter für das Bauvorhaben einer Hochseilbahn in Kolumbien war, trug sich folgendes Ereignis zu: An einem Wochenende sollte ein größerer Betonierabschnitt hergestellt werden. Hierbei kamen mehrere Betonmischfahrzeuge zum Einsatz, die Fahrer waren alles

Einheimische und gehörten einem Stamm an. Die Trommelfahrzeuge standen in 5-er Kette nebeneinander zum Entleeren. Mein Freund kannte die Feiertage, die Kulturmerkmale und die Sitten der Eingeborenen mittlerweile schon sehr genau, aber aus einem ihm unerklärlichen Grund, ertönten plötzlich Trommeln und alle Fahrer stürmten aus den LKWs und liefen zu ihrem Stamm.

Jetzt stand mein Freund ganz alleine da: Es mussten 5 Trommelfahrzeuge sofort und gleich entleert werden.... Er entschied sich aus 3 der 5 LKWs Massenbeton in ein Riesenfundament laufen zu lassen und die anderen 2 zumindest zu entleeren. Gleichzeitig musste er aber noch im stationären Mischwerk alles zum Stillstand bringen. Hier arbeiteten glücklicherweise 2 Engländer, denen musste er aber auch noch zu Hilfe kommen.

Er schwitze Blut und Wasser und musste seinem Chef Bericht erstatten.... "Siggi, ich habe mir lange überlegt, ob ich überhaupt etwas erzähle.

Da sagte aber mein Chef zu mir 'Hättest du überhaupt nichts erzählt, wären wir um einen Riesenspaß und eine Anekdote ärmer.'." Dabei fand er das gar nicht so witzig, eben Stress pur....

Dann fanden wir beide heraus, dass ein gemeinsames Hobby uns faszinierte, das Kochen. Seine Tiroler Gröstis und mein ungarischer Gulasch waren unschlagbar, unsere beiden Frauen amüsierten sich köstlich.

Überhaupt habe ich in meinem Leben selten so viel gelacht. Zwischen den Kindern herrschte eine tolle Harmonie und der junge Berner Sennenhund war mittendrin. Wir luden dann alle gemeinsam, zwecks eines Grillfestes, zu uns ein. Mein Freund war wieder mal so gut drauf, er kreierte einen der peruanischen Cocktails und damit wir auch genug hatten, bereitete er gleich einen 5l Kanister zu.

Unsere Nachbarn fragten uns: "Welchem Stamm gehörten denn eure Gäste an, die hatten ja mächtig Dampf drauf." Meine Mutter war ebenfalls mit anwesend und auch gleich der Meinung "Hier

habt ihr aber eine ganz liebe Familie kennengelernt." So verbrachten wir einen ganzen Sommer
miteinander: Arbeitsalltag und Wochenende.

Das war natürlich wieder einmal Honig für
meine angefressene Seele "Eine harmonische
Unterhaltung mit einem Berufskollegen, der
sehr interessant erzählen konnte über seinen
Auslandsaufenthalt und eine Familie, die wir so
schnell nicht vergessen sollten." Ich habe in meinem Leben die Erfahrung gemacht: Wenn das
Berufsleben einen so ausfüllt, braucht man eine
Art Kompensation im Sinne einer harmonischen
Unterhaltung, von der man noch lange zehren
kann. Mit ein wenig Glück und Mut zum Dialog,
sollte es möglich sein, einen netten Menschen
oder eine Gruppe Gleichgesinnter zu finden. Vo-
rausgesetzt, dass man psychisch nicht so schwer
angeschlagen ist, hier ist natürlich eine Intensivbetreuung nötig. -

Es kam eines der ereignisreichsten Jahre, das Jahr 1998..... Wir wussten schon seit August letzten Jahres, dass wir Nachwuchs bekommen würden. Am 16.04.1998 wurde unsere Tochter Anna geboren. Kurz nach der Geburt sagte die Hebamme zu uns "Die Kleine weiß, was sie will"... Das können wir heute bestätigen (Anna hat das Sternzeichen Widder).

Abschied von meiner Mutter

Dann kam der Sommer und es begann die Zeit, in der meine Mutter mit einmal sehr krank wurde....

Sie klagte über Bauchschmerzen. Es dauerte 1 Woche bis man sich von ärztlicher Seite entschied ein CT durchzuführen.

Hierbei stellte man fest, dass die Bauchaorta bis auf 7 cm angeschwollen war. Der Chefarzt erklärte mir, dass er mit einem Kollegen (erfahrener Chirurg) in einer anderen Stadt Kontakt aufgenommen hatte. Von ihm kam die Bestätigung, dass im Alter von 77 Jahren die erforderliche OP nicht mehr durchgeführt wird, da das Risiko einer Arterienverletzung zu hoch sei. Alles in allem war dies ein vernichtendes Urteil.

Ich erfuhr von der Bettnachbarin, dass meine Mutter in der Nacht sehr unter ihren Schmerzen gelitten hatte. Daraufhin ging ich gleich zur behandelnden Ärztin und sagte "Frau Doktor, aber Schmerzen muss meine Mutter doch keine haben?" Die Ärztin sagte zu mir "Nein, sie muss keine Schmerzen haben. Nur, wenn wir entsprechend reagieren, machen Sie sich mit dem Gedanken vertraut, sich von ihr zu verabschieden, denn sie bekommt Morphium und das wirkt sehr schnell."

Meine Familie und ich verabschiedeten uns noch am gleichen Abend von meiner Mutter. Ein paar Tage später starb meine Mutter....
Es war grausam: Allein der Gedanke, dass sie nun nicht mehr da war, die vielen gemeinsamen Erinnerungen an sie, immer und immer wieder spielte sich das gleiche Szenario ab. Ich konnte es nicht begreifen, dass sie nicht mehr Teil unserer lebenden Familie war.

Für uns entstand eine Riesenlücke, meine Frau verlor ihre beste Freundin und laut Aussage von ihr, ihre richtige Mutter.... Ich verlor den Menschen, der mir ein Leben lang vertraute, mich immer wieder aufbaute und immer da war, wenn ich ihn brauchte und mich bedingungslos liebte....
Wieder einmal durchschritt ich ein tiefes Tal voller innerer Unruhe, Angst und tiefer Trauer...

Erneut musste ich einen Psychiater aufsuchen und wieder auf Verständnis hoffen......
Die Ärzte schlugen eine erneute Kur vor, .aber ich hatte Angst, denn der Kurort war nicht da, wo meine Mutter starb. Ich würde sofort Heimweh bekommen.
Und ich konnte nicht schon wieder eine Auszeit in Anspruch nehmen. Die Alternative war eine Therapie unter der Woche mit mindestens 2 Sitzungen. Irgendwie machte ich mir den Vorwurf, dass durch den Hinweis von mir der Ärztin gegenüber "Meine Mutter bräuchte doch keine Schmerzen zu haben", meiner Mutter das Morphium verabreicht wurde. Lange Zeit kam ich über diesen Punkt nicht hinweg....

Ich hatte mittlerweile einen neuen Chef, unser Unternehmen wurde privatisiert. Überall im Betrieb wurde getuschelt "Arbeitsplätze werden rationalisiert, die Löhne und Gehälter werden reduziert, und und und!!!!!"

Wenn ich bisher von unserem Betriebsrat auch nicht viel hielt, hier zeigte er Flagge. Ging mit einer Delegation zum Bürgermeister und ließ sich die Dinge ins Buch schreiben, die so hart erkämpft wurden........Respekt!!!!! Wie die neue Geschäftsführung allerdings mit meiner Krankheit umgehen würde, das wusste ich nicht und davor hatte ich Angst.

Die Kollegen und der Betriebsrat beruhigten mich und sagten "gemäß des Haustarifs bist du unkündbar". Trotzdem konnte das meine Angst nicht drosseln.Ich bin jemand, der versucht die Dinge mit "offenem Visier" zu lösen....Taktisch hatte ich die Chefsekretärin (die ich ein bisschen besser kannte) mit einbezogen, erklärte ihr mein Problem und sie sagte, dass sie sich wieder melden würde.....Gegen Abend rief sie an: "Herr Wohltmann, machen Sie sich keine Sorgen, der Chef hält viel von Ihnen, Sie sollten ausspannen, solange es die Ärzte für richtig halten."

Das war Honig für meine kranke Seele!!!!! Trotzdem musste ich hellwach sein, mein Stellvertreter, der auch im Aufsichtsrat war, hatte erfahren, dass der Großkonzern, in dem wir uns mittlerweile befanden, skrupellos und emotionslos gegenüber seinen Mitarbeitern reagierte.

Nach Aussage meiner Therapeutin hatte ich mich positiv verändert. Sie meinte "Ich habe den Eindruck gewonnen, dass Sie nicht mehr so sehr unter dem Druck Ihres Vorgesetzten leiden, können Sie dazu etwas sagen?" Ich sagte dazu "Ich lasse mir nicht mehr alles bieten, habe aber das Gefühl, dass es sehr viel Kraft kostet."
"Das ist für Sie eine vollkommen neue Situation, eine neue Seite von Ihnen." "Ich weiß nicht, ob ich diesen Kampf lange durchstehe."

Mein Aufgabengebiet hatte sich geändert und meine Stärken, die Bauausführung und die Bauleitung bei den einzelnen Projekten, überwogen die fachliche Inkompetenz meines Vorgesetzten, das war mein Vorteil. Er versuchte dann mehrfach meine Kompetenz bei den bauausführenden Firmen zu untergraben, da meine Aussage jedoch immer sehr praxisnah und gebräuchlich war, hatte er keine Chance.

Aber immer wieder gab es kleine versteckte Gehässigkeiten, die er beispiels- weise zum Ausdruck brachte, indem er mich grundsätzlich nach Feierabend "antanzen" ließ zum Rapport. Angeblich hatte er sonst keine Zeit.... Merkwürdig war nur, wenn wir eine Besprechung mit ihm hatten, die z.B. 3 Stunden andauerte, wurde 1 Stunde für Privatgespräche verwendet.

Insgesamt wurde das Verhältnis jedoch besser, ich hatte das Gefühl man arrangierte sich.

Nach dem Tod meiner Mutter vollzogen wir zu Hause einen weiteren Bauabschnitt: Die ehemaligen Räume meiner Mutter wurden nunmehr für die Kinder hergerichtet, meine Frau und ich kreierten für uns beide ein schönes, neues Schlafzimmer und die Heizungsanlage wurde erneuert.

Ich habe die Erfahrung gemacht, wenn man etwas Neues plant und baut, wacht im Innersten eines Menschen etwas Unentdecktes auf, man wird angeregt und die Gedanken (auch düstere) werden dabei zerstreut. Deswegen ist es immer

wichtig (sofern die Kraft da ist) ein Ziel vor Augen zu haben oder zu planen. Das kann von den eigentlichen Problemen ablenken.

Den Tod meiner Mutter konnte nicht meine langjährige, vertraute Therapeutin therapieren. Es sollte ein männlicher Therapeut, ausgestattet mit der Fachrichtung Tiefenpsychologie, diesen schwierigen Part übernehmen.

Ich hatte Glück: Der neue Therapeut passte von der Chemie her auf Anhieb zu mir, viele ähnliche Lebenszüge zu meiner Person und das Wichtigste: Bei der Musik hatten wir einen Geschmack....
Wie tief ich mit meiner Mutter seelisch verwurzelt war, sollte ich noch zu spüren bekommen. Für meine Frau, meinen Sohn und mich, war der Abschied noch lange kein Abschied, es war so als wenn sie uns auch nicht loslassen konnte, so präzise hatten wir ihr Bild immer noch vor Augen. Die täglichen herzlichen Blicke, das warme Lächeln, nie würden uns diese Bilder aus dem Kopf gehen. Wenn über irgendein wichtiges, emotionales Problem diskutiert wurde, ar meine Mutter

dabei..... Den Geruch meiner Mutter, kann ich heute noch beschreiben: Ein leichter parfümierter Seifengeruch, vermischt mit einer Brise würziger Landluft. Sie legte immer Wert auf ein hohes Maß an Hygiene, welches sie uns vermittelte. Oft war ich am Überlegen, in welchem Alter meine Eltern starben.

Mein Vater starb mit 69 und meine Mutter mit 76 - sie hätten gut noch einige Jahre leben können.

Dann erwischte ich mich dabei, wie ich neidisch zu den Eltern meiner Nachbarn und Freunde guckte, sie lebten noch.... Schaute man aber genauer hin, so waren hier andere Schicksale vorder- gründig oder es waren noch heftigere Probleme zu beklagen, die teilweise noch anhielten. So hatte eben jeder sein Kreuzchen zu tragen. Wichtig war in dieser Phase, dass unsere kleine Familie zusammenhielt. Mein Schwager, der zur See fuhr, drückte es einmal so aus:

Die eigene Familie (Frau und Kinder) stellt den inneren Kreis dar, sollte der unterbrochen sein, gibt es bei schwer zu lösenden emotionalen Problemen oft lang anhaltende Trauer, die nur kaum zu therapieren ist. Für manch eine Ehe bedeutet dies das Aus , für manch einen der geplant hat, bedeutet dies keinen Traum mehr zu haben, für einen der noch Hoffnung hat nach Bescheid über seine schwere Krankheit, bedeutet dies das Ende und für einen der allein ist und trotzdem an die Menschheit und an Gott glaubt, bedeutet dies tiefe Verzweiflung.

Für meine Frau war dieser Part mit am schwierigsten, sie musste meine Krankheit nachempfinden, die Trauer über den Tod meiner Mutter bewältigen und gleichzeitig im Job und bei der Hausarbeit funktionieren. Sie wollte damals von therapeutischen Gesprächen nichts wissen, jetzt begreift sie umso mehr, dass es besser ist, wenn man jemanden von außen hat, der einem zuhören kann. Im Grunde genommen klammerten wir uns alle an meine Frau - sie schien so stark zu sein - heute wissen wir, dass sie, genau wie wir anderen, gern mal einen "Freiraum mit Zuhörern" gehabt hätte.

Jetzt im Moment denke ich schon wieder an meine Mutter. Unvergesslich sind die Montagabende: Es wurde das Radio eingeschaltet und wir hörten alle zusammen ein niederdeutsches Hörspiel. Es waren immer Hörspiele auf sehr hohem sozialkritischen Niveau. Für eine Dreiviertelstunde waren wir als Familie "Eins" miteinander und unseren Gefühlen. Angenehm sympathisch klingende Stimmen schafften es, uns weitab vom Alltag in eine Kulisse zu versetzen, in der man mitfühlte. in dem Übergang zu einem wohl ausklingenden Feierabend. Nun kenne ich niemanden mehr, der sich dieses Hörspiel noch anhört, das ist irgendwie wohl alles nicht mehr zeitgemäß......

Nichts als Alpträume

Die nächsten Jahre verliefen sehr unaufgeregt und sind nicht erwähnenswert.

Bis auf eine Tatsache: Ich stellte einen Antrag auf eine Rehabilitationsmaßnahme in Zusammenhang mit meiner psychischen Erkrankung....
Und siehe da, dem Antrag wurde anstandslos statt gegeben. Die Maßnahme war 2013 in Bad Bodenteich in der Nähe von Uelzen. Auf die Frage welches Ziel ich für die REHA hätte, antwortete ich "eine weitere Dezimierung der Medikamente, mehr Bewegung und einen ausgewogenen Ernährungsplan....." Der Aufenthalt dauerte leider nur 2 Wochen, da ich mir beim Badmintonspiel die Achillessehne durchriss. Ab diesem Zeitpunkt, war man an diesem Ort sehr unfreundlich zu mir und gab mir zu verstehen, dass ich mich besser aus dem Staub machen solle. Ich habe für vieles Verständnis, aber wenn ich in einem Rollstuhl sitze, so habe ich doch Anspruch auf Hilfe, oder????? Ich habe schon mit vielen ausländischen Kollegen zusammengearbeitet, die der deutschen Sprache mächtig waren. Alle hatten

sich viel Mühe mit dem Problem gemacht und auf ihre Art bestanden.

Hier gabt es einen russischen Arzt, der versuchte ein paar Brocken Deutsch zu reden... Und der sollte meinen Abschlussbericht schreiben. Es war einfach nur peinlich... Ich möchte dieses Kapitel ganz schnell vergessen.

Welches Syndrom sich jedoch schon seit längerer Zeit einschlich, waren Alpträume in der Nacht. Dabei muss ich noch eine ganz wichtige Sache vorausschicken: Als meine Mutter gestorben war, schafften es der Therapeut und mein Medikament nicht mehr, dass ich zur Ruhe kam. Mein Psychiater handelte schnell. Er verschrieb mir ein Medikament (Mirtazapin), wonach ich ab sofort befreit durchschlafen konnte. Nach ca. 1 Jahr bemerkte ich jedoch, dass ich nachts sehr intensiv träumte, zunächst noch alles sehr angenehm. Morgens allerdings fühlte ich mich wie gerädert, unaufmerksam und wenig motiviert für die anstehenden täglichen Aufgaben.

Nach ca. 1 weiteren Monat, begannen bei mir wieder die kritischen Nächte: Schweißgebadet, pulsrasend und zusätzlich Alpträume, in die ich

mich richtig hineinsteigerte - Die ähnlichen gleichen Träume die Nächte zuvor, entspannend mit
den Kollegen den Arbeitstag mit Bravour bestanden und dann den nächsten, gleichen Traum der
Horror!!!!! Das ganze Prozedere hielt ich ca. 2
Wochen durch, dann fühlte ich mich wie durch
den Wolf gedreht.

Wieder der Gang zum Psychiater..... "Nein, das
müssen Sie nicht durchhalten, hier können wir
Abhilfe verschaffen." Dabei verschrieb er mir ein
anderes Mittel, auch ein Antidepressivum.
Auf der anschließenden Fahrt nach Hause, überlegte ich mir, meinem Internisten von dem neuen
Medikament zu berichten, da er mir sagte, wenn
sich medikamentös etwas ändern würde, so fühle
er sich zuständig, da er für die Organe zuständig
war. Zu diesem Zeitpunkt nahm ich neben Antidepressiva noch ein Bluthochdruck- mittel ein,
ein Diabetes II-Präparat und, nachdem eine
Thrombose vorlag, auch noch einen Blutverdünner.
Dem Psychiater hatte ich alle Medikamente genannt. Beim Telefonat mit meinem Arzt ergab

sich, dass das vom Psychiater verschriebene Mittel, sich in den USA noch nicht einmal auf dem freien Markt befand und sich, in Verbindung mit meinem linksseitigen Schenkelblock am Herzen, nicht gerade als günstig erwies. Ich ergriff sofort die Initiative, ging zum Psychiater und berichtete ihm von dem Besuch bei meinem Hausarzt.

Der wollte abermals in die Trickiste greifen und mir erneut zu einem anderen Medikament raten. Dieses lehnte ich ab und ab hier hatte ich kein Vertrauen mehr..... Ich ging zurück zu meinem Hausarzt. Der wiederum beriet sich mit einem Kollegen aus der Psychiatrie und ich bekam das Mittel Citalopram in einer geringen Dosis.

Beim Ausschleichen des Antidepressivums (Mirtazapin) fühlte ich mich über einen Zeitraum von ca. einem halben Jahr ähnlich wie beim Drogenentzug. Es war die Hölle. Alpträume in heftigster Form, mitunter nur 8 Stunden Schlaf in der Woche... Schweißgebadet, traurig und am Ende enttäuscht. Ich erhoffte mir Linderung durch das neue Mittel (Citralopham), aber die Latenzzeit dauert hier auch schon 2-3

Wochen und die Wechselphase dauert jetzt teilweise noch an.

Insgesamt betrachtet: Wenn mir jemand das alles vorher prophezeit hätte, ich weiß nicht, wie ich reagiert hätte.... Da aber die Alpträume nicht mehr auszuhalten waren, ist dies eine zwangsläufige Entscheidung gewesen.

Abschied von meinen Schwiegereltern

Die Beziehung zu meinen Schwiegereltern muss man sich so vorstellen: Meine Frau hatte eine ganz tolle Kindheit und wurde von ihren Eltern liebevoll behandelt. Im Erwachsenenalter war das dann nicht mehr der Fall. Die Kinder wurden vonden Schwiegereltern unterschiedlich behandelt und meine Frauleidet noch heute darunter, insbesondere nachdem sie mich kennenlernte. Ich war nicht der Schwiegersohn, der sich herumkommandieren ließ.

Wenn man dabei war meine Frau ungerecht zu behandeln, wehrte ich mich. Das waren sie nicht gewohnt. Mein Schwiegervater war blind seit seinem 12. Lebensjahr. Dies war zwar ein Handicap, man konnte es ihm aber nicht anmerken. Er war Masseur und meine Schwiegereltern hatte eine eigene Praxis. Dem Vernehmen seiner Patienten nach, war er ein guter Masseur und sehr beliebt. Ich kannte meine Frau erst kurze Zeit, da verstarb der Bruder meiner Frau (damals 30 Jahre jung) aus mysteriösen Umständen. Er war sehr krank und hatte von Geburt an einen künstlichen Darmausgang. Seine Begabung war das Malen, diese Fähigkeit nutzte er aber leider nicht. Auf seiner Beerdigung waren alle sehr geschockt und betroffen, denn gerade er war so jemand, der keinem etwas zu Leide getan hat und mit sich selbst am meisten zu tun hatte. Wir verbrachten dann alle eine Zeit, in der meine Frau und ich, aus Meinungsverschiedenheiten, eine temporäre Auszeit von meinen Schwiegereltern nehmen mussten.

Diese Zeit war auch für meine Frau nicht nur zum Nachsinnen. Sie ärgerte sich oft über das Ungerechte und fing dann gleich an zu weinen.
Nach einer gewissen Zeit sagte ich zu meiner Frau: "Das Leben ist so kurz, da werden wir es wohl schaffen uns aufzuraffen für einen Neuanfang."

Da ich in der Zeit bei meinen Eltern weder Streit noch Ungerechtigkeiten kannte, hatte ich das Gefühl meine Frau würde wie eine Aussätzige behandelt werden. Meine Mutter lebte zu dieser Zeit nicht mehr, so dass meiner Frau eine wichtige Trösterin fehlte. Gerade in dieser Zeit

bekam ich weitere, heftige psychosomatischen Attacken. Wieder einmal mussten wir beide eine schwere Zeit überstehen.

Doch menschlich machten wir den ersten Schritt, um die Kommunikations- ebene zu den Schwiegereltern wieder herzustellen. Wenn ich mit meinen Schwiegereltern über meine Krankheit sprach, guckten sie mich mit großen Augen an und verglichen meine Situation mit einem Stressprozess, der aus ihrer Sicht hausgebacken produziert wird. Man müsste nur genügend Energie aufbringen, um ihn zu beseitigen. Hier hatte ich wenig Verständnis zu erwarten.

Erinnerungen

Wenn in meinem Leben eine kurze, heftige Depressionsverstimmung auftritt, so schaltet sich fast automatisch die Vergangenheit dazu.. Häufig beginnt es damit, dass im Radio ein Lied gespielt wird, welches ich in der Vergangenheit oft gehört habe und die Stimmung wird schlagartig schlecht. Dabei werde ich melancholisch und traurig, dass diese Zeit nicht mehr wiederkommt..... Ich denke dabei oft an alte Klassenkameraden, denen ich genau in diesem Moment etwas sagen möchte. Aber so wie es meine Art ist, habe ich den Kontakt nie gesucht und ein Klassentreffen findet aktuell auch nicht mehr statt.

Immer und immer wieder geschieht dieser Vorgang ganz automatisch..... Ich möchte nur nach vorne schauen, aber oft gibt es nur den Blick in die Vergangenheit.... Fahre ich in ein Dorf, in dem ich früher einmal Fußball gespielt habe, erinnere ich mich an die gegnerische Mannschaft und fast zu jedem Ort habe ich einen Oldiesong parat. Nebenbei tut mir diese Erinnerung im Innersten

sehr weh, denn diese Zeit kommt nicht mehr wieder.... Es gibt Orte, an denen ich Mädchen und Jungen von früher kannte, die ich heute noch genau beschreiben kann.... Den Anlass und wie die Abende ausgingen -
aber dann wird es wieder einsam... Die Personen sprechen nicht mit mir und alles bleibt stehen... Wie wäre es doch schön, wenn man alles, wie mit einer Zeitmaschine, noch einmal zurückdrehen und dann festhalten könnte!!!!!!

Viele Menschen, mit denen ich über das vorgenannte Thema gesprochen habe, sind der Meinung, dass Erinnerungen doch etwas Schönes, Gehaltvolles und Unvergesslich sein müssen. Der Meinung bin ich auch, nur dass bei mir grundsätzlich, anstatt humorvolle und freudige Gedanken, bislang nur traurige und melancholische Momente auftreten. Weiterhin ist mir dabei aufgefallen, dass ich nie längere Zeit allein sein kann, denn dann wird die Stimmung noch schlechter.

Der Blick ganz weit zurück, in Zusammenhang mit meiner psychosomatischen Erkrankung, fängt an, mit einer völlig unbelasteten Kinder- und Jugendzeit. Hier gibt es den Hinweis aus der Psychologie, dass bei der Dosis der Nestwärme hingeguckt werden soll. Heißt: Der Abnabelungsprozess soll möglichst frühzeitig vollzogen werden. Hab ich verstanden - aber auch hier gibt es noch eine andere Meinung: Ein harmonischer Prozess soll nicht abrupt unterbrochen werden, in der Familie zählt jeder als Ganzes und darf als Individuum nicht zerteilt werden.

(Ein Fastzitat von einem Professor aus meinem Kuraufenthalt in Bremen)

Wie so etwas richtig in die Hose gehen kann, zeigen die Amerikaner. Mit 12 Jahren darf man hier eine Waffe tragen - ich finde das ist eine Gefährdung der Pubertät, ein Eingriff in die persönliche seelische Entfaltung. Aber arm dran ist die Jugend in Amerika noch aus einem anderen Grund: Das TV-Programm, welches in Deutschland zur Zeit übernommen wird, zeigt Horror, Science-Fiction, Mystery, Kriegs-und Fastpornofilme, die teilweise vormittags und um die Mittagszeit ausgestrahlt werden. Es kümmert sich niemand um diesen Missstand, weder Wissenschaftler, noch Ärzte und am wenigstens die Politik. Ich habe sehr viel Verwandtschaft in den USA und in einer Sache sind wir uns einig: Dieses unseriöse Medienspektakel schadet in erster Linie unserer Jugend. Zahllose, angeblich berühmte US-Schauspieler, geben sich für vollkommen unreale Filminhalte her und sind obendrauf noch begeistert. Aber schaut man hinter die Kulissen, so steigt ihnen der Erfolg zu Kopf und menschlich sind sie absolut keine Vorzeigemodelle.

Die sozialkritischen Filme werden in den USA immer weniger gezeigt, denn dann müsste man die eigentlichen Problemfelder aufzeigen und dafür hätte das Land der unbegrenzten Möglichkeiten zwar Wissenschaftler, aber die haben in der Öffentlichkeit Redeverbot.

Kurzum: Die Intelligenz, die für die Jugend beim Aufwachsen vermittelt werden soll, kann nicht nur aus Gewalt, Hass, Zukunftsvisionen, Horror und irgendwelchen Fantasien bestehen. Hier müssen die Verantwortlichen viel besser hinschauen beim TV. Denn das TV ist die Saat des Übels.

Ein Film mit Happy-End hat keine Lobby und ist nicht zeitgemäß. Bei jedem Film, der gezeigt wird, gibt es eine gescheiterte Beziehung zu sehen.

Man hat hierbei das Gefühl, dass dies zum ständigen Alltag gehört und niemand, weder die zuständigen Psychiater, noch die Probanden, haben eine ernsthafte Lösung parat. Hat man schon aufgegeben? Gehört eine Partnerschaft bis zum Lebensende ein für allemal der Vergangenheit an?

Mir ist bei meinen Kuraufenthalten aufgefallen, dass Frauen, die zu sehr lieben, zu schwach sind, ihren Partnern in ihrer Beziehung bei Auseinandersetzungen auf Augenhöhe entgegenzutreten. Gleiches gilt für den Mann.... Oftmals ist es in einer ehelichen Beziehung so, dass der dominante

Partner den ersten Schritt zu einer außereheli-chen Beziehung wagt.

Für mich ist eine Trennung nur dann verständlich, wenn es unumgängliche Gründe gibt. Es scheint immer schwieriger zu werden normale Motive für Filme zu finden. Hierzu fallen mir ein Buch und eine TV-Serie von amerikanischen Sexualfor-schern ein. In einer ihrer Sendungen sagt die For-scherin (O-Ton):

"Machen Sie sich frei von dem Gedanken, dass Sie mit Ihrem Partner an einem Ort und zu einer festen Zeit Sex haben wollen.... Wenn ich Sex haben will, dann hole ich ihn mir von einem Gleichgesinnten......" Die Frau ist verheiratet!!!! Eine offene Ehe soll das probate Mittel sein????

Mitunter denke ich, dass ich die Zeichen der Zeit gar nicht verstehe, aber wenn ich mir anschaue, was sich alles an Wissenschaftlern und Gutach-tern in der Öffentlichkeit tummelt und in erster Linie Anerkennung bei der oberen Schickimicki-Gesellschaft findet.... Ich habe dann weiter mit meinen Verwandten in den USA gesprochen. Sie sagten zu mir, dass Freunde sich auf die Ratschläge der Sex-Wissenschaftler eingelassen haben und anschließend reif für den Psychiater waren... Wie viele Bekannte und Freunde kenne ich, die gar nicht mit ihren Partnern über ihre Probleme reden und sich bei nächster Gelegenheit die sich bietet, mindestens einmal fremdgehen. Ist das die Lösung???? Die Leidtragenden sind wie immer die Kinder. Ist erst einmal eine Trennung vollzogen, dann ist es nur eine Frage der Zeit, bis die erste psychisch-therapeutische Betreuung von Nöten ist. Während meiner Zeit als Patient, bin ich zahllosen Pärchen begegnet, die eine Hilfe während ihrer Beziehung gebraucht hätten.

Aber irgendwie gilt es als Zeichen der Schwäche, wenn die Beziehungsprobleme einer fremden Person anvertraut werden sollen.

Die gesellschaftlische Stellung der Frau

Einverstanden bin ich mit der Einstufung der Frau auf Augenhöhe mit dem Mann. Hierzu bedarf es aber keiner besonderen Demonstration oder irgendwelcher feministischer Erkennungszeichen auf der Stirn. Weiterhin sollte man realistisch darstellen, auch im TV, dass, gerade bei Führungspositionen in der freien Wirtschaft, die Chefs sich sehr wohl überlegen, ob sie eine Frau einstellen, denn sobald die Entscheidung der Frau, ein Kind zu bekommen, ansteht, hat der Betrieb ein Problem. Ausgenommen, wenn der Mann die Erziehungszeit in Anspruch nimmt, aber da kenne ich nicht viele.

Das heißt natürlich, wenn es Frauen gibt, die intelligenter als Männer sind, so sollen sie auch die Stelle bekommen, die ihnen zusteht . Mir ist aufgefallen, dass es nicht nur Frauen mit einer intelligenten, freien Meinungsäußerung gibt, sondern auch viele, die ganz bewusst männerfeindliche, unter der Gürtellinie befindliche, Äußerungen machen. Mitunter hat man dabei das Gefühl, dass der Mann sich emanzipieren muss.

Ich habe auch hier, während der Zeit als Patient beim Klinikaufenthalt oder der Therapie feststellen müssen, dass es sehr viele Männer gibt, die sich in der Ehe unterdrückt, bevormundet oder als sexuelle Testperson gefühlt haben. Es ist teilweise wirklich erschreckend, wie hier mit Emotionen umgegangen wird, von Seiten der Frau.

Heute ist der 08. März 2017, der Weltfrauentag. Man hat das Gefühl, als wenn die Vertreter der Frauen aktuell darstellen wollen, dass die Frau die letzten 50 Jahre auf dem Baum gelebt hat und erst jetzt das Recht bekommen hat, zu leben und zu denken. Ich habe es auch nicht verstanden, warum man den Frauen als Sängerin (Popmusik) eine heliumartige Beimasse eintrichtert, damit sie unkenntlich schreien können. Die natürliche Art des Gesangs geht hier gänzlich unter. Ganz nebenbei bemerkt: Meine Frau hat mir vom ersten Tag unserer Beziehung an klargemacht, dass alle wichtigen Entscheidungen von ihr mitbestimmt werden, ohne dass sie sich mit dem feministischen Zeichen tätowieren und von mir in irgendeiner Weise beeinflussen ließe.

Die gesellschaftliche Stellung des Mannes

Ich finde es richtig, dass das Macho-Gehabe des Mannes, mittlerweile bestimmend seit Urzeiten, der Vergangenheit angehören soll. Auch uralte Traditionen aus fernen Ländern, mit brutalen Ritualen an Frauen, müssen in der Weltcharta an den Pranger gestellt werden und gehören verboten, verbunden mit hohen Strafen. Es geht hier schließlich um die menschliche Würde. Sonderrechte für Männer in einigen Ländern, im Zusammenhang mit der Behandlung der Frau, gehören ein für allemal abgeschafft. Bei Vergewaltigungen muss schon im frühen Kindheitsalter Präventionsarbeit für Mann und Frau geleistet werden. Es kann hierbei nicht angehen, dass die Frau immer die Position einer Bittstellerin einnehmen muss.

Zusammenfassend kann ich aus subjektiver Beobachtung und Erfahrung sagen, dass es richtig ist, die Person Frau endlich auf Augenhöhe zu stufen. Mittlerweile findet man immer häufiger in unserer Gesellschaft Frauen vor, denen es wichtig ist zu zeigen, dass die Frauen gegenüber den Männern nur benachteiligt werden. Es gibt aber mittlerweile auch Beispiele dafür, dass immer mehr Männer von ihren Frauen psychisch misshandelt werden. Diese vorgenannten Probleme gab es früher schon, sie wurden aber als Tabuthema eingestuft und totgeschwiegen. Psychisch war dies für beide Seiten unerträglich.....

Ich kann nur von mir behaupten, dass ich es als sehr traurig empfinde, wenn immer mehr Paare sich trennen, ohne auch nur einmal dabei über ihr eigentliches Problem zu reden. Durch meine Zeit als Patient, sind mir viele Pärchen untergekommen, bei denen es nur ein klärendes Gespräch benötigt hätte. Aber irgendwie habe ich die Zeichen der Zeit nicht verstanden, so kommt es mir vor. Ich stelle mir immer die Kinder vor, die diese schwere Zeit der Trennung über einen längeren Zeitraum nur schwer verdauen - oder gar nichtverdauen.

Begegnungen während des

Klinikaufenthaltes in Bad Bodenteich

Hierzu eine Begebenheit mit einer Mitpatientin: Bei meinem letzten Kuraufenthalt begegnete ich einem bulimiekranken Mädchen, 17 Jahre alt. Es war Frühstückszeit und wir gingen alle hintereinander, wie die Pinguine, zum Frühstücksbuffet. Zuvor hatte das "Mutter-Kind"-Frühstück stattgefunden. In der Schlange beobachtete ich ein Mädchen, das zum Obst-und Salatstand ging. Bei der Wahl ihres Menüs betatschte sie jeden Apfel, ich, als notorischer Nörgler, guckte sie mit Argusaugen an. Das reichte aus, sie fing an zu weinen und ging aus den Esssaal. Mit im Saal befand sich die Diättherapeutin. Sie nahm mich zur Seite und fragte, ob ich einen Moment Zeit hätte. Dann wies sie mich darauf hin, dass das Mädchen von vorhin an Bulimie leide und zudem noch andere Zwangsstörungen hätte. "Im Moment befindet sie sich in einer ganz schwierigen Phase, bitte haben Sie Verständnis."

Zunächst habe ich mich über mein eigenes Verhalten aufgeregt. Ich hatte schon so viel Erfahrungen mit Bulimie- und Adipositaskranken gemacht und dann dieser Fauxpas mit den Äpfeln, das Mädchen tat mir in diesem Moment sehr leid.

Auf dem Weg zu ihrem Zimmer kamen mir 2 Rettungssanitäter mit einer Trage entgegen, sie hatten es eilig.... Im Nachhinein erfuhr ich, dass das Bulimiemädchen ins Krankenhaus eingeliefert werden musste, weil sie ihr Mindestgewicht nicht erreicht hatte. Jetzt machte ich mir erst recht Vorwürfe: Womöglich hatte die Tatsache, dass sie morgens nicht gefrühstückt hatte, zu einer Gewichtsreduzierung geführt. Zwei Nächte schlief ich nachts unruhig und von Alpträumen geplagt. Immer hatte ich dieses unglückliche Mädchen vor Augen. Wie ging es ihr?Hatte sie alles gut überstanden? Nach einer Woche kam sie in die Klinik zurück.
Ich konnte es kaum abwarten, ihr einen Besuch abzustatten. Beim ersten Anlauf bekam ich von ihrer Ärztin eine Ablehnung. Sie sei noch zu schwach für Besuch. Beim zweiten Anlauf sagte mir die Ärztin, dass das Mädchen ein gestörtes

Bild von Männern hätte und sie deshalb nachfragen ließ, was ich von ihr wollte. Ich sagte der Ärztin, dass ich mich bei dem Mädchen für mein Verhalten entschuldigen wolle und das ich ein ganz schlechtes Gewissen hätte. Nach ein paar Tagen kam die Ärztin auf mich zu und sagte "Mit mir zusammen können Sie ihr einen Besuch abstatten." Beim Eintritt in ihr Zimmer, sah ich als erstes die Flasche mit einem Schlauch, mit der sie im Moment noch zeitweise zusätzlich intravenös versorgt wurde . Sie würdigte mich keines Blickes und guckte starr vor sich hin in eine Richtung, dabei hatte ich das Gefühl, dass sie gegenüber unserer ersten Begegnung nochmals um einiges dünner geworden war. Ich erzählte ihr, warum ich sie persönlich aufgesucht hatte und hatte dabei ein ganz schlechtes Gewissen, das Ganze tat mir unendlich leid. Die Ärztin wandte sich ein und sagte zu mir "Wenn Sie der jungen Dame vielleicht erzählen wollen, warum Sie hier sind...." Ich erzählte meine Geschichte - nach einer kurzen Zeit drehte sie sich zu mir und hörte was ich sagte.

Eines hatte ich bei den Bulimiekranken gelernt: Man muss versuchen die Dinge in einem Gespräch auf die Goldwaage zu legen (denn alles ist wichtig). Erst dann kann man lockerer einsteigen, wenn derjenige es zulässt...

Im Moment kam sie mir noch sehr angespannt und in sich gekehrt vor. Das Gespräch verlief sehr oberflächlich, ohne eine Reaktion von ihr. Die Ärztin meinte zum Schluss, sei sie glücklich darüber, dass ein "Normalo"den Weg hierher gefunden hätte. Mittlerweile hatte ich ihre Gruppe kennengelernt und die Gruppe der Adipositas.

Ich hatte immer die Vorstellung, dass es bei diesen Menschen nur um das Thema Essen ging. Einen aus der Gruppe der Adipositas lernte ich näher kennen - Er sagte zu mir "Das Essen, im Zusammenhang mit unserer Figur, stellt das Problem für die Gesellschaft dar".
"Die Ursachenfindung für das überproportionale Essen, ist das größte Problem." "Ich habe mit 20 Jahren noch 90 kg gewogen, dann mit 30 Jahren 125 kg und jetzt mit 43 wiege ich 112 kg, dabei habe ich im letzten halben Jahr 32 kg abgenommen." Dann erzählte er seine Geschichte: "Mit 20

habe ich geheiratet und unter Tage gearbeitet. Meine Frau und ich waren sehr glücklich. Alles verlief nach Plan.

Wir beide wollten unbedingt Kinder haben und haben dabei alles versucht, aber es hat nicht geklappt. Dann wurde die Zeche geschlossen und ich verlor meinen Job. Mein Schwager verhalf mir wieder schnell zu Arbeit, aber ich musste weite Wege fahren und lag auch schon mal eine Woche aus.

Meiner Frau gefiel das gar nicht, aber was sollte ich machen? Irgendwann sahen wir uns ein paar Wochen nicht, aber das Geld stimmte... Auf einem Betriebsessen, gemeinsam mit den Frauen, machte meine Frau, nachdem sie schon so einiges intus hatte, mir ein Geständnis, indem sie mir mitteilte, dass sie einen anderen hat.
Ich zog mich jetzt ganz in meine Arbeit zurück und nachdem ich mich mit Alkohol zugeschüttet hatte, suchte ich nach einem anderen Ausgleich: Leckeres Essen, Süßigkeiten - ich hatte den Kühlschrank auf dem Schoß und hielt ihn fest, bis das

Licht ausging. Ganz schnell hatte ich nun ein anderes großes Problem: Nach einer Routineuntersuchung, stellte man bei mir Zucker und Gicht fest. Von heute auf morgen musste ich radikal umschwenken...... Mehr Bewegung und eine drastische Nahrungsumstellung. Aber das war noch nicht alles: Als ich meine Frau verließ, konnte ich nicht weinen, aber nun heulte ich bei jeder Kleinigkeit wie ein Schlosshund. Ich habe gedacht, dass das auch irgendwie vorübergeht.

Aber sehr oft konnte ich nicht mehr an mich halten. Ich begann mit einer Therapie und habe einen sehr guten Therapeuten. Das mit meiner Frau ist 1 1/2 Jahre her, wir beide sind immer noch nicht zu einer Aussprache gekommen. Ich habe ihr einen Brief geschrieben und hoffe auf eine Antwort. Die nächsten Tage über ging es mir schlecht, auf einmal hatte ich das Bedürfnis nach Hause zu fahren" .. Wir bekamen einen Neuzugang: Eine Frau, Ende 40, Unternehmerin setzte sich zu uns an den Tisch und stellte sich kurz vor.

Als nächstes stellte sich jeder Einzelne aus unserer Gruppe hervor. Sie sagte dann "Ich weiß gar nicht, was ich hier soll, ich bin doch nicht verrückt."

Äußerlich machte sie einen sehr robusten und vorlauten Eindruck. Zu mir entgegnete sie "Warum nimmst du diese Medikamente, ich kann mir nicht vorstellen, dass das gut sein kann." "Und dann hast du erzählt, dass du Heimweh hast." "Du bist doch verheiratet, was sagt deine Frau dazu". Ich sagte zu ihr " Ohne diese Medikamente komm ich nicht zur Ruhe." "Meine Frau kommt mich nächstes Wochenende besuchen, dann kannst du selber mit ihr sprechen." Sie erwidert "Was ist denn das für ein Getue, ich freue mich darauf keinen meiner Leute zu sehen." Daraufhin ich zu ihr "Vielleicht ist das ja auch schon dein Problem".

Daraufhin lief sie puterrot an und schrie "Mit so einem wie dir am Tisch halte ich es bestimmt nicht 4 Wochen aus." Ich wartete das nächste Gruppengespräch ab. Am Tisch benahm sich die Frau genau wie bei unserem Kennenlernge-spräch. Sie versuchte jeden von uns zu belehren und herum zu kommandieren. Es kam das erste Gruppengespräch mit ihr.... Alle stellten sich vor.

Ich hatte zuvor mit den anderen gewettet, dass die Frau sich spätestens nach dem 3. Gruppenge-spräch entblättern würde. Beim 1. Gruppenge-spräch sagte sie nur schroff, dass sie nicht wüsste, warum sie hier sei und was man von ihr wollte. Ich hatte immerhin schon von ihr erfah-ren, dass sie in einem Familienbetrieb Geschäftsführerin war, ihr Mann als Gründer war verstorben. Die Firma stellte Stahlbauhallen auf und verkaufte und reparierte Landwirtschaftsmaschinen.

Am nächsten Tag hatte ich zum ersten Mal kognitive Entspannung und dabei traf ich seit langem das Bulimiemädchen wieder. Sehr zu meinem Erstaunen, musste ich feststellen, dass sie ausgesprochen locker mit ihrer Gruppe flachste. Als sie mich sah, wirkte sie zunächst ruhig und abwartend.... Ich sagte zu ihr "Hallo, hast du dich auch für diesen Kurs entschieden?" Es dauerte etwas länger bis sie antwortete "Ich kenn diese Form der Entspannung, sag mir mal anschließend, wie es dir gefallen hat." Ich war überrascht, welche Fortschritte sie in letzter Zeit gemacht hatte. Nach der Therapiestunde gingen wir in den Innenhof.... Sie war Raucherin und nahm dieses zum Anlass, sich eine Zigarette anzuzünden. Zunächst erzählte ich ihr von dem Ergebnis der kognitiven Entspannungseinheit. Ich sagte ihr, dass ich festgestellt habe, das wäre die einzige Möglichkeit, mich zu entspannen.

Wie von einem anderen Stern kommend, erzählte sie drauflos.

"Da ich schon einen Teil deiner Vorgeschichte kenne, bist du im weitesten Sinne einer von uns und ich vertraue dir meine Vorgeschichte an: Ich war ungefähr 14 Jahre alt, ging aufs Gymnasium und war immer gut drauf. Da ich Einzelkind war, haben meine Eltern mir ihre Liebe zu gleichen Teilen geschenkt. Es hat mir an nichts gefehlt. Bei uns gab es immer reichlich Besuch und es wurde viel gefeiert. Ich erinnere mich noch genau an diesen Tag: Mein Vater hatte ein Klassentreffen mit seiner Abiturklasse organisiert. Beginnen wollte man bei uns zu Hause.... Gegen Nachmittag trudelten die ersten "Ehemaligen" ein und stellten sich vor.

Es begann auch schon nach kurzer Zeit die richtige Stimmung. Alles sehr nette und korrekte Menschen, dachte ich.
Nachdem sie bei uns schon ein bisschen vorgeglüht hatten, hatte man sich für eine anschließende Dampferfahrt entschieden. Meine Mutter und ich blieben zurück, wobei meine Mutter mir sagte, dass mein Papa ihr nun endlich seine große

"Jugendliebe" vorstellen wollte. Dabei blieb es dann auch. Am nächsten Morgen beim Frühstück fragten meine Mutter und ich, was so alles abging auf der Dampferfahrt.."Naja ihr könnt euch vorstellen, dass es viele Unterhaltungen über die alten Zeiten gab, alle genossen dabei die Dampferfahrt und zu später Stunde haben wir dann auch noch in einem Tanzlokal bei "Unvergessenen Oldies" das Tanzbein geschwungen.' 'Und was war mit deiner alten "Jugendliebe"?' Mein Vater wurde ein wenig nervös und entgegnete meiner Mutter 'Ich wusste, dass du von ihr anfangen würdest.'

Meine Mutter darauf 'Mal ganz ehrlich, wenn du sie mir gestern schon nicht vorstellen wolltest, ist das höchstwahrscheinlich ein Geheimnis.' Mein Vater stand auf und ging.... Dafür, dass wir sonst eine gut funktionierende Streitkultur hatten, war hier ein kleiner Einbruch.Nach ca. 1 Monat musste mein Vater eine längere Dienstreise antreten und seinen Chef begleiten.... Normalerweise nahm mein Vater meine Mutter mit, aber der Chef hatte mit ihm viel vor. Gewundert hatten wir uns nur darüber, dass sein Chef schon wieder zu Hause war und mein Vater noch auf Dienstreise.

Es war ca. 2 Wochen später in der Schule und meine Freundin nahm mich zur Seite und sagte zu mir: 'Ich war mit meinen Eltern außerhalb, 20 km von hier, und wir haben uns in einer Gärtnerei Pflanzen für den Garten besorgt, dabei hat mein Vater in einem Raum neben der Toilette deinen Vater knutschend mit einer Presswurst gesehen.' 'Wie bitte?' Eine etwas fülligere Dame.' Ab diesem Moment wusste ich, dass unsere Familie auseinanderbrechen würde und es niemals so werden würde, wie es einmal war. Die ganze Episode verbreitete sich wie ein Lauffeuer.... Meine Eltern trennten sich, da meine Mutter sich hintergangen fühlte. Sie konnte meinem Vater nicht verzeihen. ich fühlte mich zu meiner Mutter hingezogen und blieb bei ihr.

Diesen Trennungsschmerz in unserer Familie habe ich nie verwunden und auch nie verstanden...... Ich werde nie heiraten und möchte auch keine eigene Familie gründen, denn die Verantwortung für die Kinderin solch einer Situation, ist nicht zu überschauen!!!" Ich habe ihr gesagt, dass ich sie voll und ganz verstehen könne, aber in der heutigen Zeit ist es Gang und Gebe, dass Eheleute sich trennen, ohne ihr eigentliches Problem auch nur einmal angesprochen zu haben...... Wir werden dieses Problem jedenfalls nicht lösen.

Meine Frage an sie war noch: "Hat man das, was du mir als Trennungsschmerz bezeichnet hast, bereits therapiert oder seid ihr gerade dabei?" "Ich bin gerade dabei, mich zu entblättern, wie du es formulierst." Ich bedankte mich für ihr Vertrauen und für das ausführliche Gespräch. Ab sofort trafen wir uns regelmäßig nach der kognitiven Einheit.

Als Nächstes stand bei mir ein Einzelgespräch mit meiner Therapeutin an. Die Therapeutin war etwa Mitte Dreißig, 20 Jahre jünger als ich. Sie fragte mich, wie es mir geht und ich antwortete ihr, dass ich zur Zeit heftige Alpträume hätte und somit auch keinen ausreichenden Schlaf, eine Nebenwirkung vom Mirtazapin. "Am besten wäre es, wenn Sie zu einem homöopathischem Präparat wechseln würden, besprechen Sie das bitte anschließend mit unserem Oberarzt." Ich sagte zu ihr, dass ich fast 40 Jahre meinen Körper mit Antidepressiva vollgepumpt habe, weil meine Krankheit chronischer Natur ist.

Wenn ich die abhängig machenden Medikamente auch vom Anteil her weniger eingenommen habe, so ist bei mir der Erfolg bei Johanneskraut, Baldrian in höchster Dosierung gleich NULL. Die Therapeutin meinte, dass es, bei einer Form der Entspannung (autogenes Training o.Ä.) und mit einer entsprechenden Disziplin, auch ohne Chemie gehen würde.

Ich sagte zu ihr "Auf Autogenes Training kann ich mich nicht konzentrieren." Wie ich die Gruppe empfinde, war ihre nächste Frage. "Ganz schön bunt die Charaktere, aber sehr ansprechend. " "Was haben Sie für einen Eindruck von der neuen

Mitpatientin?" Ich: "Sehr rustikal und noch weit weg von ihrem eigentlichen Problem". Sie: "Therapieren Sie gerade?" Ich: "Frau (Namen der Therapeutin) ich bin 40 Jahre mit dieser Krankheit konfrontiert und habe etliche Patienten kommen und gehen sehen, aber eine Person von diesem Kaliber noch nicht." Sie: "Haben Sie ein Problem mit dieser Frau?" Ich: "Wenn Sie beide zusammen über mich sprechen, so vergessen Sie nicht mich mit einzubinden."

Sie: " Warum regen Sie sich denn jetzt so auf?" Ich: " Haben Sie weitere Fragen?" Sie: "Nein." Sie gab mir anschließend noch ein Buch über kognitive Entspannung und empfahl mir, im Leben nicht so genau hinzusehen?????? Verwundert verließ ich das Einzelgespräch. Den Rat, mit der kognitiven Entspannung in Verbindung mit Musik, nahm ich dankend an und nehme ihn heute noch in Anspruch. Oh wie sehr vermisste ich mein Badminton, da die Achillessehne am rechten Fuß bereits einmal durchgerissen war und der linke Fuß auch nicht viel besser aussah, hatte sich das Thema frühzeitig erledigt. Jetzt ging ich in die Muckibude, hier habe ich mir über Ergo Fahrrad, Laufband, Crosstrainer und die Muskelgeräte, ein wenig Kondition und Bewegung verschafft. Lange Spaziergänge an der frischen Luft, in einer reizvollen Umgebung (Lüneburger Heide), verschafften mir einen freien Kopf.

Ich hatte 2 Bücher mitgenommen, hatte bei beiden angefangen zu lesen, aber irgendwie kam ich nicht richtig in Stimmung. Jetzt ging ich öfter mal zu den anderen in die Gruppe und suchte ganz bewusst ihre Nähe, denn sobald sich ein Gespräch entwickelte, wusste man, dass es auf Augenhöhe geschah. Die neue Mitpatientin spielte an einem anderen Tisch mit zweien aus unserer Gruppe Skat. Auch hier kamen ihre Kommentare und Belehrungen wieder zum Vorschein. Nach ca. 1 Stunde hatte der eine Mitspieler die Nase voll. "Siegfried, fühlst du dich in der Lage gegen 2 Frauen zu spielen?" Darauf ich "Ich habe das Spiel Skat zwar etwas anders in Erinnerung, mache aber trotzdem mit." Ich hatte schon länger nicht mehr gespielt, war aber nach kurzer Zeit wieder drin. Wenn ich einen Moment länger zum Überlegen brauchte, so sagte sie vorwurfsvoll zu mir : "Ein Stück Holz oder eine Karte!" Verbunden mit ihrer Mimik, musste ich doch ein wenig lachen.

Der Abend wurde doch etwas länger und sie erzählte von ihrer Firma und ihrem Zuhause. Ihr Mann war schwer krank in ihrem Haus verstorben und sie war sehr einsam.

Doch ihr eigentliches Problem war ihre Tochter. Sie und ihr Schwiegersohn, waren vor Kurzem mit in die Geschäftsleitung eingestiegen. Dabei hatte der Schwiegersohn seine Meisterprüfung als Landmaschinenschlosser und die Tochter eine Ausbildung als Betriebswirtin vollendet. Das Problem, was Mutter und Tochter miteinander hatten, war: Beide waren in der Geschäftsleitung und beide mussten entscheiden. Die Mutter war es gewohnt, dass alle nach ihrer Pfeife tanzten, doch da hatte sie die Rechnung ohne ihre Tochter gemacht. Der Streit war vorpro- grammiert und das ging über1 Jahr so. Die Mutter versuchte der Tochter klarzumachen, dass es bei allen Entscheidungen um das Wohl der Firma geht, dem hielt die Tochter entgegen, sie sei der bessere Kaufmann. Irgendwann eskalierte der Streit, so dass beide der Meinung waren, einer müsse jetzt gehen. Anschließend ging jeder in seine Ecke und weinte.

Am nächsten Morgen, gleich nach dem Frühstück, hatten wir Gruppengespräche. Eine männliche Person war als Neuankömmling zu vermelden. Er war in meinem Alter und machte äußerlich einen sehr sicheren und ruhigen Eindruck. Als er sich vorstellte, hinterließ er wiederum einen sehr unsicheren Eindruck. Er wollte cool sein, aber das kam sehr poltrig und rustikal rüber.

Die ganze Gruppe fing an über ihn zu lachen. Ich muss zugeben, das traf auch auf mich zu Eine Frau war gerade dabei unter sehr traurigem "Aderlass" ihr eigentliches Problem zu erzählen, da preschte der Neuankömmling ihr in die Erzählung und sagte "Was soll das eigentlich hier alles, das ist doch Kindergarten, das Problem lös mal schön selbst mit deinem Mann." Dann sprang die Therapeutin ein "Herr.... dies ist der Ort, wo jeder sich zu seinen Problemen äußern darf und um unsere Hilfe bittet." "Schnick, Schnack... Ich glaube ich fahr lieber nach Hause, oder?" dabei guckte er mich an. "Willst du meine ehrliche Meinung dazu hören?", fragte ich ihn. Er nickte.

"Als ich in der erste Woche hier war, hätte ich auch gerne meinen Koffer gepackt, aber nach ca. 1 Woche solltest du selber in dir merken, dass du angekommen bist und dann wirst du uns auch deine Geschichte erzählen." Er guckte mich sehr fragend an und redete dann sehr laut mit einer anderen Person.

Nun war die Firmenchefin an der Reihe ihr Leid vorzutragen. Sie hatte zunächst ein Lächeln auf den Lippen und erzählte dabei vom gestrigen Abend und unserer gemeinsamen Unterhaltung. Dann sagte sie: "Ich bin euch sehr dankbar, dass ich gestern Abend so nette Zuhörer hatte." (Dabei brach sie in einen Weinkrampf aus) "....ich kann nicht mehr". Sie hatte sich so viel vorgenommen für diesen Moment.....

Dann erzählte sie uns die Geschichte vom Vorabend noch einmal und alle hörten ganz aufmerksam zu und der Kloß löste sich in ihrem Hals. Ich möchte nicht schon wieder der besagte Klugsch***** sein, aber meine Wette und der Entblätterung bei ihr, hatte ich gewonnen.

An einem der nächsten Morgende, ereignete sich beim Frühstückstisch, folgende kleine Anekdote: Beim Betreten des Frühstücksraumes bemerkten wir, dass die Gruppe der Adipositas sich ganz aufgeregt versammelte. Sie hatten am Abend zuvor mehrere Tische zu einem Kreis aufge- stellt.

Von der Decke hingen viele kleine Präsente herunter, an mehreren Fäden. Ein Platz am Tisch war mit Blumen und Kerzen geschmückt und in der Mitte stand die Zahl 50. Die Gruppe fing an ein Lied zu singen, es war traurig. Sie hatten es eingeübt, das Ganze ging einem unter die Haut. Jetzt trat das Geburtstagskind ein, ich hatte ihn wiedererkannt mit seiner Geschichte (Wie zuvor erwähnt...). Es erfolgte eine ganz herzliche Begrüßung und Gratulation von all seinen Mitpatienten, die Tränen rollten ihm über die Wange. Dann gab es noch ein Lied (ich kenne es aus dem Film Shrek "Hallelujah") und danach standen uns allen die Tränen in den Augen.

An diesem Ort (Kurklinik) hat es für viele Menschen einige Anlässe zum Lachen und Weinen gegeben. Viele haben an diesem Ort ihre Wiedergeburt oder eine "Entblätterung" miterlebt.

Als sich mir die Gelegenheit bot, ging ich zu ihm herüber und gratulierte. "Hast du einen Moment Zeit?" Meine Mitpatienten winkten schon. Es wurde Zeit für die nächste Anwendung. Das war alles nicht so wichtig. Er zog mich zu sich heran und sagte: "Das schönste Geschenk habe ich hier, einen Brief von meiner Frau." Dann liefen ihm die Tränen erneut über die Wange. "Sie hat mir geschrieben, dass sie oft über uns beide nachgedacht und mich sehr vermisst hätte." "Heute konnte sie nicht kommen, aber nächstes Wochenende hat sie sich ein Zimmer im Ort gemietet und freut sich schon auf mich." "Sind das nicht tolle Nachrichten?" "Sie wird mich bestimmt nicht wiedererkennen, ich habe insgesamt 50 kg abgenommen." Er war voller Freude, hatte Pläne für die Zukunft... Und seine Frau würde er nie wieder so lange allein lassen.

Wenn man so wie hier in der Kurklinik, den ganzen Tag aufeinander fixiert ist und jede Stimmungsschwankung der anderen kennt, dann freut man sich nicht nur über seine eigenen Fortschritte, sondern genießt es ebenso intensiv, wenn andere einen Erfolg feiern.

Die nächsten Tage gingen vorbei wie im Fluge, ich hatte sehr viel Zeit zum Relaxen....

Es war Mitte der Woche und von draußen hörte ich aufgeregte Stimmen, ich entdeckte ein paar Leute aus meiner Gruppe und fragte sie nach dem Ereignis. Sie zeigten mit dem Finger auf ein Spezialfahrzeug. Ein großer, geräumiger Kastenwagen, etwas unheimlich wirkend, da schwarz lackiert, und mit 4 Fenster versehen. Die Karosse wirkte sehr stabil mit extra breiten Reifen. Dann sah ich aus einem Mannschaftsbus 8 kräftige Männer aussteigen. Sie transportierten einen Menschen aus dem Spezialfahrzeug.

Man konnte noch nicht erkennen, ob es ein Mann oder eine Frau war. Es war unheimlich, ein riesiger und extrem dicker Mensch wurde auf eine Spezialtrage getragen. Im Nachhinein wurde gesagt, es handle sich um einen Mann, etwa 490 kg schwer. So aufgebracht hatte ich das Klinikpersonal noch nicht gesehen, verständlich, bei dem, was hier vor sich ging. Aber genauso entsetzt schauten die Patienten, hilflos, ängstlich und voller Mitleid. Ich hatte mich zurückgezogen und habe nur gedacht, was muss in diesem Menschen vorgehen, wenn ihm eine Menschenmenge nachgafft. Meine Ärztin lief über den Flur, sie war ebenfalls sehr aufgeregt und sagte "Ich habe nur einen Moment, dann muss ich weiter." Ich fragte sie: "Wie können Sie diesem Menschen helfen?" Sie: "Ich darf mit Ihnen nicht darüber reden, aber wir werden einiges tun können. Auch hier liegt ein schweres psychisches Problem vor." Beim Abendessen gab es nur ein Thema.... Einer meiner Mitpatienten meinte sogar: "Ab einem gewissen Zeitpunkt kann derjenige sich gar nicht mehr selber ernähren, dann gibt es Personen aus dem näheren Umfeld, die denjenigen nicht nur füttern, sondern darüber hinaus sogar noch mästen.

Das Ganze nennt man Feeder'." Das überzog meine Verständnisfähigkeit. Dazu sagte eine andere Frau: "Das kann auch aus falsch verstandener Liebe entstehen." Ich wollte unbedingt die Ärztin noch einmal zu diesem Thema befragen. Sie bestätigte die Aussagen meiner Gruppe und sagte weiterhin: "Genau das ist unser Thema zu dieser Person."

Man könnte von mir sagen, "um was der sich nicht alles quält".
Gerade hier in der Klinik, wo viele nur auf ein Gespräch mit ihrem Nachbarn warten und den hilfesuchenden Blick erwidern, ist es aus meiner Sicht unerlässlich, menschlich zu reagieren und dabei wirklich alles zu geben.

Wieder ging eine Kur für mich zu Ende, wieder die traurigen Abschiedszeremonien und das Versprechen, den Kontakt zueinander zu halten. Für viele ist dies ein sehr schmerzvoller Abschied, besonders für diejenigen, die sich entblättern konnten und hier eine Art Wiedergeburt erlebten. Für viele ist es aber auch die Erkenntnis, wie lebe ich

weiter mit dem neuen, schwerwiegenden Ent-
deckten? Kann ich mich, unter den derzeitigen
Aussichten des Abschlussgespräches mit den Ärz-
ten und der Therapeutin, als gesund einstufen?
Was muss ich unbedingt ändern, wenn ich nach
Hause fahre?

Kann ich überhaupt nach Hause?
War das im Nachhinein hier in der Kur für mich
wirklich wertvoll oder habe ich so manches noch
gar nicht richtig verstanden oder verdaut? Viele,
so habe ich das erlebt, haben nach der Kur mit
den ehemaligen Patienten noch Redebedarf über
das Erlebte. Gerne würde man die schönen Erinnerungen und Momente der Kur im alltäglichen
Leben unterbringen. Man hat die Tips und die
Formeln der Mitpatienten noch in den Ohren....
Das Alles hätte nie so früh zu Ende gehen müssen.....

Gespräche über das Leben nach dem Tod

Während der Kur hatten fast alle Patienten, wenn sie sich "entblättert" haben, einen ungemeinen Redebedarf. Immer wieder munterte man sich gegenseitig wieder auf - oftmals wurden sehr intime Details vorgetragen, denn das war es ja, was einen wirklich bedrückte. Hatte man das Gespräch mit einem Suizidgefährdeten oder war gar selbst betroffen, so ging es oft um das Thema "Tod" oder "das Leben danach". War diese Gesprächsrunde im Rahmen unserer Gruppe, so gab es mehrere Varianten, die ausschweifend dargestellt wurden.

Es gab Patienten die meinten, dass es keinen Gott gibt und daher bleibt von uns nur Staub und Asche über. Dann gab es aber auch Patienten die meinten, es gibt ein Leben nach dem Tod, da wären sie sich ganz sicher, sie wüssten nur nicht wie, in welcher Form und ob man dazu gläubig sein müsste. Eine Version sollte in etwa so ausgehen.... Jeder von uns steckt immer in einer anderen Person und umgekehrt, der Tod ist hier nur eine erwähnte Nebensache, die von den Menschen viel zu wichtig genommen wird. (aus Angst!!!!) Ein richtig erlebtes Sterben gibt es hierbei nicht und man nimmt auch den Wechsel in die nächste Person nicht wahr.

In dieser Version leben auf diese Weise alle unendlich lang.... Hierbei ist nur die Frage: Ich bin als erstes aus einem Körper geschlüpft, komme ich bei dem Personenwechsel wieder in diesen Körper zurück? Und eigentlich müsste die Anzahl der Personen auf der Erde gleich bleiben...

**Dazu erkläre ich hier die Meinungen vom Verfasser dieser Version und mir: Es sterben Menschen und es werden welche geboren -
inwieweit bei dieser Version die Seelenwanderung nominal nachgewiesen werden kann, ist eine Aufgabe für einen pfiffigen Mathematiker.**

Ich persönlich bin der Meinung, dass, ganz gleich wie der Mensch auch gelebt hat, jeder von uns in das Reich Gottes aufgenommen wird und es ein Leben nach dem Tode gibt.

Die vorgenannte Version der Seelenwanderung, die ein Mitpatient und ich in einer Klinik ausbaldowert haben, würde bei meiner anschließenden persönlichen Meinung über das Leben nach dem Tode, eine wesentliche Rolle spielen.

Das wäre dann auch eine ausreichende Begründung für den Satz:
Jeder Mensch ist vor Gott gleich!!!
Aber auch hier regiert das Wort Angst.
Keiner kennt eine erlebte Version über das Leben nach dem Tod, keiner kann nachvollziehen, ob er schon mal in der Haut des anderen gesteckt hat oder wie oft eine Seelenwanderung stattfindet. Wir können über die Organik des Menschen nicht nachweisen, ob hier verschiedene Seelen in ein und demselben Körper gelebt haben. Die Worte 'Angst' und 'unheimlich' würde in diesem Zusammenhang sofort verschwinden, wenn es einen Nachweis oder eine erlebte Version geben würde.

Zusammenfassend: Das irdische Leben, welches wir wahrnehmen, wird sich, meiner Meinung, gegenüber der seelischen Ausbildung in unserem Leben, als nicht fassbar und nachweisbar erweisen. Es muss Gott gegenüber aber erlaubt sein, nach dem was uns essenziell berührt, nach der wahren Version über das Leben nach dem Tode, nachzusinnen. Anmerkung: Dabei ist es vollkommen gleich, ob ich beruhigt sterben kann mit der Meinung, es ist genügend Vermögen da und die Kinder und Enkel sind mit allen Dingen ausstaffiert. Entscheidend ist die letzte Minute: Jeder muss sie durchstehen und

hoffen, dass wir uns alle wiedersehen.Keiner kann etwas mit hinübernehmen in die Zeit danach, weder eine Person, noch eine Sache. Es gibt nur noch die Hoffnung......

Die zwei verschiedenen Wahrnehmungen von psychosomatischen

Erkrankungen

Während der vierzig Jahre im Umgang mit psychosomatischen Erkrankungen, sind mir Menschen unterschiedlicher Herkunft und Charaktere untergekommen. Die 2 wichtigsten Beobachtungen sind aus meiner Sicht, dass es psychisch kranke Menschen gibt, die einerseits alle Probleme in sich hineinfressen und einen sehr zurückhaltenden Charakter haben. Andererseits gibt es Menschen, die diese Krankheit gar nicht zulassen und es als schwach ansehen, wenn sie selbst damit zu tun haben. In der Öffentlichkeit blaffen sie ihre Probleme heraus und die Mitmenschen an - dies ist ein Ablenkungsmanöver und soll die eigenen Probleme vertuschen. In ihnen stecken die Probleme aber oft so tief, dass sie sehr schwer zum Vorschein kommen und "entblättern". Gerade bei gesellschaftlichen Veranstaltungen, entdecke ich oft zu später Stunde Menschen, die einen hohen Redebedarf benötigen, um ihre Seele zu entlasten.

Hierbei stellt sich nicht gerade selten heraus, dass leider unter Alkoholeinfluß die eigentliche Wahrheit zum Vorschein kommt.

Nachbetrachtung

Gerade in den jungen Jahren habe ich die Erfahrung gemacht, dass es sich lohnt zu leben, auch unter einer strengen Anleitung der Eltern. Ich hatte zu keiner Zeit das Gefühl, die Intension der Erziehung sei übertrieben. Meine Eltern waren jederzeit im Begriff uns Kinder modern und neuzeitlich zu erziehen. Dadurch, dass wir auf dem Land lebten, haben wir den Raum und die Luft bekommen, die wir für jugendliche Abenteuer, in Verbindung mit der erfinderischen Eigeninitiative, benötigten. Auch in der pubertären Phase hatte ich die nötige Unterstützung und jede Menge Glücksgefühle. Den eigentlichen "Ernst des Lebens" erfuhr ich erfreulicherweise erst viel später. Irgendwann, so mit ca. 20 Jahren, habe ich spürbar aufgehört über Dinge herzlich zu lachen. Ich hatte nicht das Gefühl nur vernünftig, sondern eben auch viel introvertierter und traurig zu sein, vielleicht auch enttäuscht von dieser Welt. Es gab zwar viele Dinge, die man vorher nicht durfte, wie Rauchen, Auto fahren, Alkohol trinken, Sex...... aber wenn ich es mit dem unbeschwerten Leben meiner frühen Kindheit verglich, so kam die eigene Kontrolle und Verantwortung bei jeder Aktion im Alter hinzu. Das mit der Verantwortung lernte ich relativ schnell und es tat auch nicht weh, aber dieser ständige Polizist über sich selbst zu sein, machte teilweise sehr mürbe.

Als ich in meiner Jugend meine ersten depressiven Verstimmungen hatte, sagte meine Mutter zu mir "Denke einfach an das nächste schöne Ereignis, was vor dir liegt. Das sollte helfen." Für den Moment hat es geholfen.

Die Musik hat mich oft abgetrieben von den düsteren Gedanken, richtig schlimm wurde es immer, wenn auch das nicht half.
In meinem Titel kommt das Wort Angst vor, welches ich in Verbindung mit meiner Krankheit 40 Jahre mit mir rumschleppe.

Angst davor:- es nicht jedem Recht zu machen, die Gefühle anderer zu verletzen, am Arbeitsplatz nicht zu bestehen, an der eigenen Krankheit zu verzweifeln, die Welt nicht mehr zu verstehen, ständig einen Termin zu verpassen. Hier sind nur beispielhaft einige der Ängste beschrieben, die mich fast ein ganzes Leben lang verfolgten und die mich immer wieder krank gemacht haben.

Veränderungen

Oft wird in der Psychologie behauptet, dass es bei psychosomatischen Erkrankungen, Probleme bei den Patienten mit Veränderungen gibt, die nicht mit der Zeit gehen. Ich habe bei mir auch Veränderungen, in Verbindung mit meiner Umwelt, festgestellt, komme aber zu dem Ergebnis, dass ich nicht nur diese Probleme mit den Veränderungen habe, sondern ganze Teile meiner Altersgruppe. Ein Beispiel dazu: Ich habe mehrfach in meinen Episoden zum Ausdruck gebracht, wie ich über die jetzige Jugend, ihre Betreuung vom Kindesalter an, damit zusammenhängend den Einfluss von TV und PC und Handy, denke. Das sind die Kardinalprobleme - Den Kindern und unserer Jugend wird eine falsche Welt vorgegaukelt. Ich bin der Meinung, dass es nur darum geht etwas Neues, noch nicht Dagewesenes zu repräsentieren. Das gibt schnell viel Geld und ist im Moment nicht zu überbieten an Spaß und Triebhaftigkeit. Es hat mit den Inhalten der Realität und Natur wenig zu tun. Die jugendlichen Instinkte, muss man nicht selber konstruktiv wecken und auch nicht im Schweiße seines Angesichts erarbeiten man muss nur auf einen Knopf drücken und dann lässt man sich ausgiebig berieseln. Eine intelligente Kommunikation kann hierbei irgendwann nicht mehr zustande kommen.

Ein anderes Beispiel:

Seit ca. 2 Jahren beobachte ich in unserer Tageszeitung die Rubrik "Eine steile Karriere ". Sehr viel Verständnis habe ich bei dieser Aktion für Menschen, die im sportlichen, geistigen Sinne Höchstleistungen erbringen und dann gefördert werden. Wenn ich die Zeitung aufschlage und dann lese "Ein Model (19 Jahre alt) ist in der engeren Auswahl von einem Fernsehsender...." dann springt mir der Draht aus der Mütze. Man nehme ein bisschen Botox, blase den Hintern ,den Busen und die Lippen auf. Zusätzlich wird der Zahnarzt des Vertrauens gewählt und dort werden die Zähne "edelweiß" gebleecht.

Weiterhin nehme Mann oder Frau einen Tuschkasten und male sich als Indianer an. Dann laufe man eine Pirouette wie ein Fastpornostar und trete auf, bei einem entsprechenden Sender. Eine neunzehnjährige Frau, die von ihren Eltern nachweislich, wie gerade von mir geschildert, so herangezüchtet wurde, da bleibt mir die Spucke weg. Wo bleiben hier die natürlichen Wesenszüge? 'Natürlich schön' ist out. Wenn diese junge Frau sich, in beispielsweise 30 Jahren, vergisst zu schminken, dann sieht sie im Gesicht aus wie Grethe Weiser mit 70 im Schritt.

Ein weiteres Beispiel: Die ganze Medienwelt ist gespickt mit "Moderatoren".
Was man auch immer unter diesem Begriff verstehen mag, für mich sind das Personen, die in einem Smalltalk versuchen, irgendeiner Person etwas zu oktroyieren.

Dabei hinterlassen sie oft den Eindruck, als wenn sie zu dumm wären, einen toten Hering vom Teller zu schubsen... Vor 20 Jahren war unsere Gesellschaft noch in der Lage, einen solchen Humbug zu ignorieren. Heutzutage wird sich, im wahrsten Sinne, jeder Mist angesehen.

Dabei vergisst gerade die Jugend den Blick für die kreative TV-Studie. Hierbei müsste man natürlich seinen Geist bemühen und Dinge im Alltag aufarbeiten, im sozialkritischen Sinne, das tut der Seele auch gut.

Liebe Psychologinnen und Psychologen ich mag die Zeichen der Zeit vielleicht anders verstehen als manch anderer, aber wenn ich mich mit meinesgleichen unterhalte, so ist man überwiegend meiner Meinung. Zurückblickend auf die letzten 40 Jahre meiner "Psychosomatischen Krankheit " und deren Behandlung von Ärzten und Therapeuten: Ich vertrete dabei ganz klar die Meinung, dass sich die Medizin, die Hilfsmethoden und die Therapeuten, im Laufe der Jahre verbessern konnten, aber eine signifikante Veränderung kann es nur dann geben, wenn sich mit jedem Patienten ein Therapeut individuell beschäftigt. Ganz oft hat man als Patient das Gefühl: Jetzt habe ich Angst, jetzt brauche ich professionelle Hilfe, jetzt kann jeder Mediziner am besten erkennen, was ich für ein Problem habe, jetzt kann ich mich am besten entblättern. Oft kommt es mir so vor, dass Patienten, die in sich gekehrt sind, gerade in der Klinik nicht durch Ärzte oder Therapeuten/Psychologen(?), sondern nur durch Mitpati- enten dazu aufgemuntert werden, am gesellschaftlichen Leben teil zu nehmen.

Die Patienten sollten, gerade hier, nicht irgendwelche Probanden sein.
Eine Kur ist zur Erholung und Verbesserung der eigenen Lebenssituation zwingend notwendig. Am meisten habe ich mich jedoch darüber aufgeregt, wenn man zum Schluss der Kur als 'gesund' und 'austherapiert' entlassen wird. Wenigstens 50 % der entlassenen Patienten wissen nicht darüber Bescheid, dass sie die Krankheit ein Leben lang mit sich herumschleppen.

Liebe Leserinnen und Leser,

Wie sie bemerkt haben, habe ich mich in ausgiebigen Passagen mit der Situation der Jugend von heute und ihren Möglichkeiten ausführlich befasst. Das Freizeitangebot, gerade im Hinblick auf TV, PC und Handy, hat sich im direkten Vergleich zu früher radikal verändert und bestimmt heute schon über den Alltag. Vieles ist um mindestens eine Potenz grausamer und psychisch abhängig machender geworden. Die sogenannte "Kreativstube" d. h. mit eigenen Ideen und Enthusiasmus den Freizeitraum zu gestalten, gerade während der Pubertät, gibt es heute nicht mehr. Vieles ist vorgegeben und braucht per Knopfdruck nur ausgelöst zu werden. Für mich ist es auch ein Hinweis dafür, dass die Jugend nicht mehr so belastbar ist wie früher. Erschreckend ist die Anzahl der psychisch-kranken Patienten um die 20. Hier geht es bei den Ursachen nicht nur um Trennungsverluste, oftmals sind die alltäglichen Probleme nicht mehr zu bewältigen.

Schlusswort

Letztendlich haben meine eiserne Disziplin, meine Frau, meine Therapeutin und mein Hausarzt mich dazu gebracht: eine halbwegs gesunde Ernährung zu mir zu nehmen, Sport zu treiben, medikamentös optimal eingestellt zu sein, mental auf Vordermann gebracht zu werden als Vater und als Ehemann nicht zu resignieren.

"Wer als Mensch solange sucht, bis er jemanden gefunden hat,
der einem zuhört, erkennt, dass der Mensch das Größte ist."
(SIEGFRIED WOHLTMANN)

Zeitfracht Medien GmbH
Ferdinand-Jühlke-Straße 7
99095 Erfurt, Deutschland
produktsicherheit@kolibri360.de